# 影子老师实战指南

[日]吉野智富美/著 [日]山本淳一/审校 任文心 秋爸爸/译

ABA スクール
シャドー入門
特別に支援が必要な子どもたちを園や学校で
サポートする親・セラピストそして先生のために

# 目　录

中文版推荐序·················································································· 001

日文版推荐序·················································································· 001

## 第1章　需要特殊支持的孩子

1. 班里总会有2~3名需要特殊支持的孩子 ····················· 002
2. 孩子表现出来的困难以及对此的早期干预 ················· 003
3. 基于应用行为分析（ABA）的干预方法 ······················ 005
4. 家庭中的ABA早期干预 ·············································· 007
5. 家庭和幼儿园、小学之间的高墙 ································ 008
6. 对可能的风险要防患于未然 ········································ 009
7. 影子老师的实践情况 ···················································· 010

## 第2章　影子老师是什么

1. 影子老师是什么 ···························································· 012
2. 老师和同学都是支持者 ················································ 014
3. 支持的密度与辅助渐褪 ················································ 016
4. 培养符合年龄、学龄的技能 ········································ 017
5. 不同学龄段的总体目标 ················································ 019

## 第3章　影子老师需要的ABA基础知识

1. ABA是提高生活质量的有效方法 ································ 024
2. 如何看待行为的发生原因 ············································ 026
3. 行为是什么 ···································································· 029

4 认识行为：为什么做/不做那样的行为 ………………………………… 033
5 强化物和厌恶刺激是什么 …………………………………………… 045
6 行为的内涵比表象更重要 …………………………………………… 048

## 第 4 章　用 ABA 方法开展学校影子老师支持服务

1 学校影子老师支持服务的任务流程 ………………………………… 052
2 支持的起点是了解——评估 ………………………………………… 053
3 制订个别化教育计划（IEP） ……………………………………… 063
4 支持 1：缺乏行为 …………………………………………………… 072
5 支持 2：过度行为 …………………………………………………… 083
6 再评估、对计划的修正和再支持 …………………………………… 092

## 第 5 章　学校影子老师支持方案实例

1 学校影子老师支持实例 1　可以获得周围关注的问题行为 ……… 094
2 学校影子老师支持实例 2　可以获得喜欢的任务或活动的行为 … 101
3 学校影子老师支持实例 3　可以获得喜欢物品的行为 …………… 103
4 学校影子老师支持实例 4　可以获得感官刺激的行为 …………… 105
5 学校影子老师支持实例 5　可以逃避厌恶活动的行为 …………… 108
6 学校影子老师支持实例 6　主动学习或主动参与的时候太少 …… 110
7 从开始到结束——学校影子老师支持方案的完整执行过程 ……… 112

## 第 6 章　幼儿园和小学的调整、准备与协助

1 执行学校影子老师支持方案的主要流程 …………………………… 130
2 参观并选择幼儿园或小学 …………………………………………… 131
3 与校长面谈 …………………………………………………………… 132
4 和孩子一起练习上下学 ……………………………………………… 134
5 在家模拟上课 ………………………………………………………… 135

6 进行评估与制订个别化教育计划（IEP）……137
7 IEP 会议……138
8 向同学说明影子老师的任务和存在的意义……139
9 影子老师对支持方案的执行与撤出，影子老师与班主任老师的协作……141
10 再评估与更新 IEP，以及与班主任老师面谈……144
11 常见问题的处理……145

## 附录　学校影子老师支持工具

评估工具……150

个别教育计划（IEP）样本……158

调整引导行为出现的环境条件（A：行为即将出现时的情况）……162

确定目标行为的教学步骤（B）……167

强化适当行为（C：行为发生后紧接着出现的后果）……169

学校影子老师的便携教具……171

后记……173

参考文献……175

# 中文版推荐序

日本与中国一衣带水，两国关系源远流长，文化交流密不可分。日本古代起就以中国为师，接受华夏文明各方面的滋养，包括文字的建立。但到了近代，随着西方文明的进入，两国走上各自不同的发展道路。明治维新之后的日本全面彻底地向西方优秀者学习，快速崛起成亚洲乃至世界的先进国家，而同一时期的中国却徘徊在守旧与变法的争斗中，长时间地处于发展中国家行列，直到改革开放才带来巨大的发展成就。

中日文化交流方向也从近代开始倒转了，中国开始接受大量来自日本的文化影响，最典型的例子就是现代汉语当中来自日语的汉字词汇如今已经无所不在，诸如：科学、分析、医学、健康……乃至"自闭症"这个词都是引入的日语汉字词汇，其数量之多，范围之广，程度之深，已经与现代汉语融在了一起，这有力地促进了思想启蒙和"西学"的传播，对中国近代化和现代化进程起到了巨大的推动作用。

我个人从少年时期开始就有像《铁臂阿童木》这样的日本动画片陪伴，大学的专业学习中也直接接受过日本教授的指导。我家秋妈一直在日企工作，怀秋歌、秋语时，她看的孕产妇指导书也是一本日本译作，其图文并茂的排版风格，科学严谨又贴近生活实战的内容，解决了我家从孕前到孩子生长到一岁这期间的各方面的问题。

进入孤独症圈子之后，同样地，我很早就看到了家长传来的日本特殊教育资料，印象最深刻的是王宁翻译的白崎研司所著的《发育障碍儿童诊断与训练指导》，这是一本全面而细致的障碍儿童的教育指导书，在十几年前资料匮乏的年代，对家长的指导意义功不可没。孤独症圈里有很多在日的华裔家长，多年的网上交流过程中，他们向我介绍了很多优秀的日本的行为干预相关的图书，我翻看之后，感觉都很棒，于是挑选了几本优秀的实战指导用书，约请几位在日华人家长翻译成中文，争取让这些清晰生动的实战讲解能帮助中国家长。

目前这个系列一共选译了 4 本 ABA 入门图书，它们分别侧重于 4 个干预方向，覆盖不同的孤独症干预应用阶段，参考其中的内容，中国家长都能迅速学习上手，付诸实践。

《早期密集训练实战图解》是生动指导家长 ABA 实操训练入门的图解书，帮助家长启动居家干预训练的实战指导。

《影子老师实战指南》是指导家长或者影子老师在幼儿园或小学集体环境中,如何运用 ABA 技术帮助孩子融合成长的实战方案。

《家庭干预实战指南》是指导家长在居家环境中,从 ABA 的视角看待孤独症行为特征,全面开展居家干预的书,着重讲解了家长如何在日常生活中帮助孩子进步。

《成人养护机构实战指南》讲解的是对于大龄孤独症孩子的 ABA 干预策略,着重介绍在特殊养护机构中如何运用行为干预技术来应对挑战的实战指南。

我之所以非常喜欢这四本书,是因为它们有以下几个共同的特点:

1. 纯净不杂。它们都是纯净的 ABA 技术实操指南,不掺杂其他"看上去很美"的非行为干预的方法,透着非常严谨认真的治学态度。

2. 实战经验。几位作者所讲解的干预技术,都结合了他们一线实战的切身体验,而不只是泛泛的照本宣科,是贴近真实生活的应用方案,并对各种现实难点做了细致讲解。

3. 从零开始。这几本书都是面向零基础读者的指导用书,即便读者对 ABA 并不熟悉,拿起任何一本都可以入门行为干预这门科学,并快速将理论运用到自己的实践之中。

4. 日系风格。排版风格生动直观,易读易懂,每本书都有大量漫画配图,尤其是《早期密集训练实战图解》,更是通过大量的日系漫画形象而准确地讲解了 ABA 基础知识和桌面教学细节,这在国内非常少见。此书之所以能做到这点,是因为漫画在日本的普及,书的作者作为 ABA 专业人士,自己就能先行画出草稿,然后再与专业画师就每一幅漫画做细致的讨论,往往会几易其稿,从而确保漫画内容的精准传神。

日本人的行事风格里,有很多地方值得我们学习,他们往往做事严谨认真,一板一眼,有时会甚至会被视作孤独症的"刻板"特征一般。在我与日本学者的接触中,深深体会到了他们的这些优良做派,非常钦佩他们的专注与认真精神。如很多现代科技一样,ABA 诞生于西方,而在向先进者学习的过程中,日本人做得非常虚心,深耕细作,精益求精,很少会抱着投机取巧的心思。在这里,我不由地希望提醒自己,也提醒其他的中国家长在干预过程中应该学习这些优点,抛弃我们在周围经常能够看到的那种好高骛远、浅尝即止、这山望着那山高的心态和做作派,有时甚至是盲目自我拔高,喜欢随意搞本土特色式杂糅的做法,虽然貌似博采众长,实际上很可能会形成"一锅乱炖"的局面。

在学习行为干预的过程中,这种无法塌下心来把精力集中在最具科学实证的 ABA 知识上,想走捷径的心思很常见。

在孤独症圈里,大家经常互相勉励,在干预路上保持细心、耐心、恒心。新手家长和大龄家长的心态有所不同,但终究会逐渐进步。每个家庭都会从最初的急切希望被治愈的心态中走出来,慢慢地面对现实,进而走上努力地提高生活质量的道路。在这条路上,行为干预是最能为我们提供支持的一项科学技术。我希望这套书能够帮助中国家长及早地武装自己,面向未来,抓好当下。

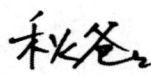

# 日文版推荐序

## 特殊教育所必需的应用行为分析学

日本开始执行特殊支持教育[1]政策之后，各个学校都开始设立"特殊支持教育协调员"[2]，邀请校外讲师来校做培训以帮助大家更深入地理解相关问题，对疑似的障碍儿童进行智力评估和认知功能评估，制订个别化教育计划，制订从幼儿园升入小学的过渡计划等，多方位地开展各种推进措施，搭建工作框架。接下来的重点是如何运用这些框架提高教育成果，也就是如何学习并运用具体的支持方法。实施教学的主体为幼儿园教师、中小学教师、行为分析师、支持人员、指导人员，以及家长和养育者。

然而，在我们身边随处可见的情况是，很多学校尽管已经具备了形式框架，却未充分利用，未能发挥其作用。究竟是空有形式，还是已经有效利用，这需要我们进行评价，需要观察那些特殊孩子是否能开开心心地上学，度过快乐的学校生活，需要观察他们是否掌握了新的生活习惯和适应能力，是否学会了沟通、社交、学业、自我管理以及自我尊重等技能。

需要强调的是，我们要学习具体的支持方法，理解这套方法的基础理论——行为与学习的原理。如果我们不学习如何为孩子提供有效教育支持，那么教育就只能停留在"凭经验、凭感觉"上。孩子们要学习，老师也要学习，这才公平！

吉野智富美老师执笔的这本书，以有效地实施学校影子老师支持为目标，浅显易懂地总结了应用行为分析学的原理、应用和实例。阅读本书后马上就能实践活用。本书汇集了几乎所有能够在特殊支持教育中运用的应用行为分析学的方法，去除枝蔓，唯留精华，读完本书，应该第二天就能开始作为学校影子老师开展支持工作了。读者在阅读本书时，也可以先从实例部分开始，然后再回到前面理论部分加深理解。

---

[1] 译注：2007年以前，日本的教育政策主要是设立特定的盲聋学校和养护学校以及在普校中设立资源教室，并在这些特殊场所为障碍儿童提供"特殊教育"，2007年后日本的教育政策改进，这类支持不再只限于在固定的特殊场所进行，而是面向障碍儿童所在的包括普通学校的所有学校，所以更多使用"特殊支持教育"一词。

[2] 译注：特殊支持教育协调员是指为障碍者提供特殊支持、与教育机构及医疗机构进行联系、向障碍人士的相关人员（家人等）提供咨询的专职教师，常驻在固定学校。

应用行为分析学研究者，从 1968 年发表研究成果的专业学术刊物创刊开始，至今已经在各种实践场景中应用并完善了针对各类孩子的有效教育支持方法，且验证了其成果。这些成果集中在一起，构成了这些教育支持方法的"实践证据"。

很多人也许觉得应用行为分析学看上去很难，不知从何下手，专业词汇无法理解。其实它的原理非常简单。首先，把焦点放在孩子的适当行为上【行为（B）：Behavior】。接下来，准备为了让适当行为更容易发生的条件【前提刺激（A）：Antecedent Stimulus】。然后，适当行为发生的话，就马上给予各种形式的奖励【后果刺激（C）：Consequent Stimulus】。通过重复以上的 ABC 过程，孩子的适当行为就会稳定，技能会有所提高。适当行为增加，那么问题行为就会相应地减少。这，就是精华。我们要将这个基本原则不折不扣地应用在教育支持中。

## 处于教育支持中心位置的学校影子老师

本书与其他书不同的特征是，总结了开展学校影子老师支持工作的具体方法和实例。我们都希望孩子能自立，但是"凭空想象"是不够的，必须要有方法。学校影子老师计划就是支持孩子自立的一套工作方法。应用行为分析学研究者开发了一种叫作辅助渐褪的方法，并在实践中验证了其效果。这种方法对孩子的行为给予提示或帮助（辅助），确保孩子能够完成任务，当行为稳定之后，再逐渐减少这种辅助。运用该方法，能够帮助孩子自己完成行为，逐步走向自立。

前提刺激（A），是指要逐渐减少成人的指令，让孩子能自己判断并付诸行动。后果刺激（C），是指要逐渐减少成人表扬的次数，让孩子达到就算不被别人表扬，也能够做出适当行为的水平。这些都是支持的原则。本书除了讲解如何将这些原则应用于学校教育之外，还列举了很多实例。此外，对于如何与学校老师协商，共同执行学校影子老师计划，从而推进教育支持的具体应用方法，这本书也很有参考价值。

提供支持的人就是影子老师。技术熟练的老师和行为分析师，就像孩子的影子一样贴身提供教育支持，等孩子掌握了自立行为之后，就渐渐地消失，并在必要的时候再次出现。学校影子老师计划，既是一种教育支持的技术方法，也体现了以孩子的自立为目标的教育支持的本质。来自实践的本书，就具有这样的说服力。

庆应义塾大学<br>
山本淳一教授

# 第 1 章
## 需要特殊支持的孩子

本章主题：本书的服务对象是需要特殊支持的孩子。这一章里，我们先具体地谈谈这些孩子将会遇到哪些困难。

本章的重点内容：对于孩子遇到的种种困难，我们从应用行为分析的角度出发，阐述可以在家庭中提供哪些具体的帮助，而当他们进入幼儿园或托儿所、小学等集体环境后，又将面临哪些新的困难。

# 1 班里总会有 2~3 名需要特殊支持的孩子

日本在 2007 年就开始实施了特殊支持教育,高功能孤独症、学习障碍(LD)、注意力缺陷多动障碍(ADHD)等发育障碍的儿童都被列为特殊支持教育的服务对象。这些孩子可以通过学校或地区设立的资源教室或特殊教育学校接受为他们量身定制的教育。

另一方面,很多在智力方面没有明显落后的各类发育障碍儿童开始走进普通学校的普通班级。日本文部科学省 2003 年的一份调查显示,在中小学校的普通班级中有 6.3% 的学生需要特殊支持。

这意味着,在一个 35 人的标准班级中就有 2 名学生需要特殊支持。

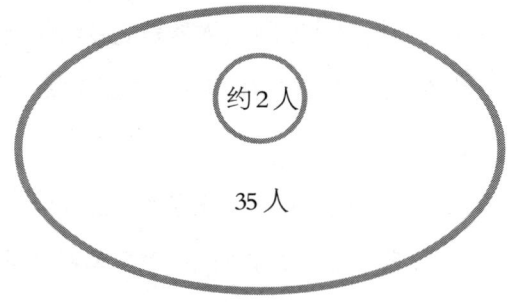

虽然这 6.3% 的学生在智力方面没有明显落后,但他们在学习和集体生活中存在下文表格中所列出的突出困难。

## 学校的应对

这些孩子在普通班级里表现出来的问题,普通老师往往也不知道该如何应对,因而学校通常会由班主任老师发起,由校长、教导主任、保健老师、特殊支持教师、特殊支持教育协调员、学校咨询师、临床心理师等协同组建一个校内委员会,共同讨论应对方案。

## 2 孩子表现出来的困难以及对此的早期干预

特殊需要儿童遇到的困难大致可以划分为以下几个方面，包括学习、行为、交流和生活自理。

|  | 因过度而导致的困难 | 因缺乏而导致的困难 |
| --- | --- | --- |
| 学习方面 | ·写字杂乱<br>·写字出格子<br>·乱卷、乱折习题卷子，撕破书本和试卷<br>·文字读写错误<br>·计算错误 | ·读／默读困难<br>·计算和推理困难<br>·毛笔字、粉笔字书写困难<br>·难以跟随课堂教学<br>·不听从老师的指令<br>·不会参考图文 |
| 行为方面 | ·多动、注意力不集中<br>·不经允许离座<br>·冲动行为<br>·易哭闹 | ·安坐困难<br>·自发的行为太少<br>·完成课题太慢 |
| 交流方面 | ·只是自顾自地说<br>·推人<br>·吵架<br>·哭闹<br>·拿别人的东西<br>·插队 | ·听指令困难<br>·对话时很少对视<br>·难以讨论或交换意见<br>·不表达自己的需求<br>·发言时无法总结要点 |
| 生活自理方面 | ·遗忘物品<br>·掉东西<br>·在走廊上跑<br>·吃饭时撒出食物 | ·难以独自上厕所、洗手、吃午饭或扫地等<br>·难以管理自己的随身物品<br>·难以根据钟表或上课铃声做时间管理和教室转场 |

## 幼儿时期早期干预的重要性

要想尽可能在早期就减少上述困难，帮助孩子沿着成长阶梯掌握在幼儿园、小学、社区等集体环境中必要的各种生活技能，我们应该从 2 岁或 3 岁的幼儿期开始，通过成人与孩子一对一的教学模式或小集体的教学模式，开展系统的训练。这一点非常重要。

由于从幼儿时期就开始对一些必要技能进行按部就班的训练，入学后，特殊需要儿童和他人的交流方法以及自我管理方法，与读写及语言技能相比，可能更稳定并且更能长期持续。

孩子在无法清楚地表达自己的需求时会哭闹。哭闹发生后，周围的人为了让孩子情绪好转，一般都会给予孩子口头的安抚或喜欢的玩具。

成人只是让孩子好好扫，可孩子真的不知道该怎么扫啊！

## 3 基于应用行为分析（ABA）的干预方法

就在学校还在摸索各种干预方法的时候，很多需要特殊支持的孩子的家庭其实已经开展了多种实践，他们为减少问题行为并增加适当行为，运用了科学的、具体的、有实证效果的育儿方法。

这个方法正是本书的核心内容：应用行为分析（ABA）。

ABA 在心理学上属于学习心理学领域，它通过实验逐一阐明了包括人在内的动物的各种行为原理，专业人员在实践中应用这些原理的同时，也在着重思考以下问题：

· **解释**某个行为为什么会出现（或不出现）。

· **预测**在什么情况下会出现（或不出现）该行为。

· 思考为了**提高生活质量**（Quality of Life, 简称 QOL）我们应该做些什么。

本书将在第 3 章重点讲解 ABA 的基础知识，读者如果希望了解更多的行为分析及应用行为分析的知识，可以参考以下著作[①]。

---

杉山尚子 2005「行動分析学入門—ヒトの行動の思いがけない理由」集英社新書.

杉山尚子 / 島宗理 / 佐藤方哉 / リチャード·W. マロット / マリア·E. マロット 1998「行動分析学入門」産業図書.

ポール·A. アルバート / アン·C. トルートマン著　佐久間徹 / 谷晋二 / 大野裕史訳　2004『はじめての応用行動分析』二瓶社.

---

[①] 编注：读者也可参阅藤坂龙司和松井绘理子所著的《早期密集训练实战图解》，中文简体版于 2021 年由华夏出版社出版，以及理查德·W. 马洛特（Richard W. Malott）和约瑟夫·T. 沙恩（Joseph T. Shane）所著的《行为原理（第七版）》(*Principles of Behavior: 7ed*)，中文简体版于 2019 年由华夏出版社出版。

## 美国的情况

美国卫生与公众服务部（相当于日本的厚生劳动省）已经将ABA列为具有实证效果的干预方法，用于帮助需要特殊支持的孩子。

在美国，从事特殊需要儿童干预和教育的工作者会把ABA作为实证有效的干预方法之一介绍给家长，并开展有公费支持的早期密集干预，以帮助孩子早日掌握必要的技能，让他们日后能够尽可能地适应社会。

因此，美国的孩子从早期阶段开始，就可以通过几年的训练，在家庭中掌握各种技能，其中最主要的是与身边成人的沟通技能。

## 日本的现状

日本当前的情况与美国有所不同。选择何种早期干预的方法完全由家长在综合考虑自身经济能力基础上做出判断。

当孩子在1岁半或3岁体检时，如果被发现有可能存在发育障碍、持续交流有困难、对视过少、语言落后、刻板行为过多等情况，大多数家长从专家那里得到的往往是"再看看吧"或"等孩子继续发育吧"等比较含糊的建议。

面对这类建议，有些家长会抱着疑问，开始通过书籍或网络查找有效的干预方法的资料。

随后，家长中有一些人会在铺天盖地的信息中选择ABA技术，开始自学并进行干预。也有一些家长会自费去一些大学或民间开办的干预机构，从那里获取ABA干预支持和咨询服务。

也就是说，在日本开展ABA干预的，只是那些通过自己研究判断之后才选择了ABA的家庭。

## 4 家庭中的 ABA 早期干预

### 技能任务

下面列出了 1~4 岁特殊需要儿童通过 ABA 家庭干预需要掌握的主要技能[参考并改写自洛瓦斯（2011）的内容］。

- 减少自我刺激、自伤和攻击行为
- 能够愉快地回应成人的呼唤
- 模仿成人的动作
- 正确地使用玩具玩耍
- 语言模仿
- 理解物品及活动的名称
- 能够画画和做手工（用蜡笔、用剪刀、用胶水、折纸、涂色等）
- 掌握生活自理技能（上厕所、洗手、换衣服、吃饭、整理等）
- 会读写文字
- 学会形容词及方位词
- 理解他人的表情或情感

### 大量的干预时间

选择了 ABA 干预方法的家长需要在行为分析师和实习志愿者的协助下，开展每天 3~6 小时、每周 20~40 小时的干预，引导孩子学习上述社会生活中所必需的技能。

但很多家长都会发愁，每周占用 20~40 小时这么大量的时间，同时需要依靠孩子喜欢的很多零食展开训练，可孩子的社交技能却未必会有长进。

有些家长为了解决这样的烦恼，在开展桌面学习模式干预的同时，也会注意在日常生活中对孩子执行某些技能教学方案（如关键反应训练法[①]、自由操作法、随机教学法等干预模式）。

---

[①] 编注：关键反应训练法的相关内容，请参阅奥温・C. 斯坦曼（Aubyn C. Stahmer）等人所著的《孤独症儿童关键反应教学法》（*Classroom Pivotal Response Teaching for Children with Autism*），中文简体版于 2021 年由华夏出版社出版。

# 5 家庭和幼儿园、小学之间的高墙

就日本当前的情况来说，虽然孩子在经过家庭早期干预后，增加了适当行为，减少了问题行为，并掌握了多种沟通技能，然而他们在进入幼儿园、托儿所或小学等集体环境时，依然会面临很大的问题。

- 智力没有明显落后的特殊需要儿童（如被诊断为高功能孤独症及阿斯伯格综合征的孩子）在哪里学习生活比较好呢？
- 在家庭训练中学习了很多技能的孩子，要怎样才能应用他们掌握的技能呢？
- 学校是否准备好了环境条件，让孩子之前掌握的技能也可以在集体生活中得到维持和应用呢？
- 学校是否准备好了教学环境条件，让孩子在集体生活中可以继续培养必需的技能呢？

遗憾的是，当前在日本，大部分学校都未能准备好这样的环境条件，因而学校老师在面对为数不少的特殊需要儿童时经常会抱怨。

在家里　　　　　　　　　　　　在学校

## 6 对可能的风险要防患于未然

### 未来的效益

以《不让一个孩子掉队法案》(No Child Left Behind Act of 2001，简称NCLB)为代表可以看出，美国制定的一些措施在早期阶段就开始注重提高孩子的基础能力，以减少这些特殊需要儿童高中退学情况的发生，并给他们提供了职业培训的机会，为将来的就业和独立生活打基础。

像美国这样，从国家法律层面要求提升孩子的各种能力，目的其实也是降低他们成年之后的再教育以及就业培训的成本。

### 需要特殊支持的孩子的教育

在学校教育上也类似，这些孩子不只在资源教室里学习，而是从早期阶段就开始在普通班级里接受与普通儿童一样的融合教育，孩子的沟通能力得到了培养，他们学习并掌握了各种压力场合的应对技能，逐步地积累经验。

当这些孩子在成年后踏入社会时，就不需要再从头学习各种相关技能了，效率也就更高。在年龄小时就开展学习，掌握新技能的速度会比较快，学习时间也会相对更短，即便学到某些错误行为也比较容易矫正，而且运用的机会也更多，因而也就更容易得到维持和应用。

同时，班级里的普通儿童，也能通过每天的相处，学习如何与语言落后或交流困难的特殊儿童沟通，学习如何调整环境使双方可以更好地共同生活。融合教育并非只是特殊儿童单方面努力适应集体，而是生活在同一个社会中的所有人通过共同努力，创造一个更加美好的生活环境。

## 7 影子老师的实践情况

本书从第 2 章起,将详细讲解影子老师的支持方案,这样的支持方案是在融合环境中帮助那些需要特殊支持的孩子学习技能的重要方法之一。

### 日本小学普通班级中的影子老师研究实例

目前,日本小学的普通班级中一般有 35 个学生左右,需要特殊支持的孩子有 2~3 人,整个班级最多有两位管理老师,即一位班主任和一位副班主任或分科老师,也有干脆只有班主任一位老师的情况。[1]

特殊需要儿童往往会在上课时未经允许就离开座位,或者无法维持听讲的状态,不能集中注意力看老师。研究人员发表了很多关于有这样学生的班级如何积极运用 ABA 技术帮助普通老师和学生的报告。

例如,道城与松见(2007)在研究报告中描述了帮助小学一年级的孩子在正式上课前坐好的方法。他们先设定好目标行为,然后引导孩子对自己的行为加以确认。他们先在班上明确讲述了具体的目标行为,即上课铃一响,同学们就要马上回到座位上。然后让孩子在自己的卡片上记录是否完成了这个任务。通过这样的方法,他们成功地增加了孩子听到上课铃声响起就入座的行为。

田中(2010)在研究报告中描述的是,在一个小学三年级的班级里,为了减少孩子乱说话干扰课堂的行为,并增加他们适当的发言次数,他们采用了先明确目标行为,再在上课前给予提示,并对孩子的适当行为做出积极反馈等方法。上课前他们先在黑板上写好认真听课的 5 个规则。老师在开始讲课之前,为了让孩子做好听课准备,会再次给出明确的提示。当孩子做出适当的发言行为时,老师会给予正面反馈。通过这些干预方法,孩子干扰课堂的说话行为减少了,适当的发言增加了。

像这样,以 ABA 作为实践的基础,对普通班里的特殊需要儿童提供个别化支持的方法,就是影子老师支持方案。方案刚开始执行时,最好由家长或行为分析师等熟练掌握 ABA 知识和具体操作方法的人担任影子老师,随后,班主任和同学通过观察和学习,也掌握了影子老师的操作方法,就可以逐渐减少影子老师的直接支持,这是影子老师支持方案的最终目的。

---

[1] 译注:与中国情况不同,日本公立小学中,班主任老师通常要担任几乎所有科目的课堂教学工作,只有音乐等少数课程会另设老师,故在本书中,班主任一词有时会根据上下文译作任课老师。

# 第 2 章

# 影子老师是什么

本章主题：讲解本书关键词——影子老师支持方案的概要，以及孩子从幼儿园转入小学时必须掌握的技能的大致目标。

本书将在第 4 章详细阐述影子老师支持方案的具体操作方法。

# 1 影子老师是什么

## 影子老师执行的是一套行为干预方案

影子老师是指具备 ABA 知识和技术的家长、行为分析师或志愿者等，进入幼儿园、小学教室，或其他学习场所，对需要特殊支持的孩子提供积极的行为支持，在现场引导孩子运用必要的社会生活技能并逐渐掌握。

影子老师并非只是来回地跟着孩子，在现场手把手地帮孩子。这样的话，那就只是"帮助者"或"陪护"。

影子老师这样做的目的是为孩子提供支持，使其更高效且更稳定地掌握集体生活中的必备技能，同时帮助其用适当行为代替问题行为。

在此基础上，特殊需要儿童周围的老师和同学，也可以通过对影子老师的干预方法的观察，掌握有效的环境布置方法和干预技术，从而提高孩子所处环境的整体支持水平，这也是影子老师支持方案的任务目标之一。

### 影子老师的任务

- 在集体生活的现场直接开展干预。
- 为孩子提供积极的支持，使其更高效且更稳定地掌握集体生活中必需的适当行为。
- 帮助孩子用适当行为代替问题行为。
- 帮助老师和同学掌握更有效的环境布置方法和干预技术，从而提高孩子所处环境的整体支持水平。

### 影子老师支持方案的实践者

- 担任影子老师的人既有家长，也有行为分析师或志愿者等不同身份的成人。在本书中，我们把执行影子老师支持方案的人称作"影子老师支持方案的实践者"。

## 行为矫正需要知识与技术

要想有效地开展影子老师支持服务,就需要对孩子的行为进行观察与评估。问题行为因何得以出现?应该如何去改变?需要引导怎样的行为代替问题行为?……这些都需要制订出干预计划并执行,这就要求掌握一系列的知识与技术。

影子老师必须懂 ABA 的理论及方法,相关内容我们会在第 3 章开始进行详细讲解。

## 本书希望你在学习之后具备以下能力

- 能够详细地记录和描述孩子的适当行为和问题行为。
- 能够在家庭及幼儿园或小学中观察孩子的适当行为和问题行为。
- 能够分析说明孩子的行为因何而增加或减少。
- 能够思考应该如何在幼儿园或小学改变孩子的行为。
- 能够思考影子老师的具体实践方案。
- 能够清楚地知道在开展影子老师支持服务时应该准备的资料和具体流程。

像影子一样,在必要的场合提供最小限制的支持。

## 2 老师和同学都是支持者

**影子老师支持方案的一个基本原则是辅助渐褪**

当班里有一个需要特殊支持的孩子时,要让幼儿园或小学发挥本身的社会功能。影子老师不可能永远地留在现场,所以应该引导集体中的每个成员互相帮助,从而增加孩子的适当行为,这样才会更有效率,也更加自然。而且,普通老师和同学是与特殊需要儿童每日相处、共同生活的人,如果他们能够参与进来,干预效果也就更容易持续。

因此,逐步减少影子老师的作用(辅助渐褪)非常重要。

**互相支持**

影子老师要实现辅助渐褪,就应该用心引导集体中那些比影子老师更为自然的接触人员(普通老师和同学),增加他们对特殊需要儿童的更有效的干预频率。这正是影子老师支持方案最重要的,也是最终的目的之一。

普通老师和同学通过观察模仿影子老师对特殊需要儿童的有效干预方法,进而在影子老师撤出时也能够开展支持,保证集体生活顺利进行。

**全班同学共同学习有效的干预方法**

对普通老师和同学来说，了解特殊需要儿童的行为特征和行为原因，掌握与其开展有效接触的方法非常重要。

应该在班里创造这样的学习机会，班主任老师和影子老师一起合作，向同学们浅显易懂地讲解特殊需要儿童为什么需要帮助，用角色扮演的方式示范如何参与干预。反过来，也可以问同学们"我们应该怎么样参与干预才会有效呢？"等问题，鼓励他们主动地想办法，这也非常重要。本书第 6 章将会讲解影子老师应该如何向同学们说明情况，以及应该如何委托全班同学一起帮助特殊需要儿童。

**广泛的合作**

要帮助一个特殊需要学生，除了学生本人、家长、班里的老师和同学之外，还需要从校长开始，延伸到其他老师、其他家长，以及教育委员会、家委会、行为分析师等人，他们具备各自的知识或资源，都可以支持和促进特殊需要儿童的成长。他们可以相互协调，维系良好的合作关系，这样做非常必要。大家有必要放弃一些个人的面子或权利，把那些与帮助改善孩子的行为没有直接关系的问题先放在一边，齐心协力，一起思考：为了帮助孩子，我们应该做些什么？

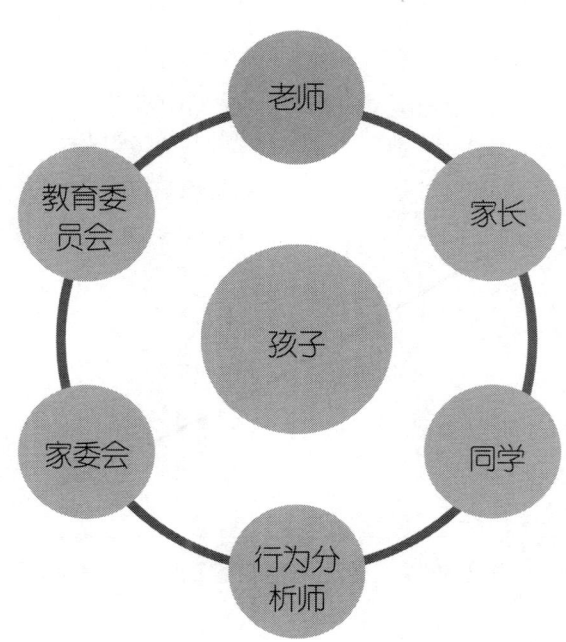

## 3 支持的密度与辅助渐褪

学校影子老师应该按照渐弱的梯度逐步减少直接支持的内容和支持时间，最终让孩子达到只需非常少的支持，就能靠自身的能力以及老师同学的帮助顺利参与学校生活的状态。

应该以怎样的支持密度开展学校影子老师支持服务呢？又应该如何设置渐弱梯度实现辅助渐褪呢？这些都需要根据孩子的能力量身定制。不过，在理想状态下，大致可以按照下图所示的梯度进行。

开始执行学校影子老师支持方案后，在初期阶段，影子老师可以提供比较多的支持，对孩子的行为进行塑造和管理，开展早期的集中干预。同时，老师和同学可以观察影子老师的支持方法以及对问题行为的处理方法。

进入中期阶段后，影子老师和孩子的接触时间就要减少一半，同时，增加老师和同学的支持比例。

随后，进入后期阶段，要让孩子依靠自己的主动行为以及老师和同学的帮助顺利地参与学校生活。

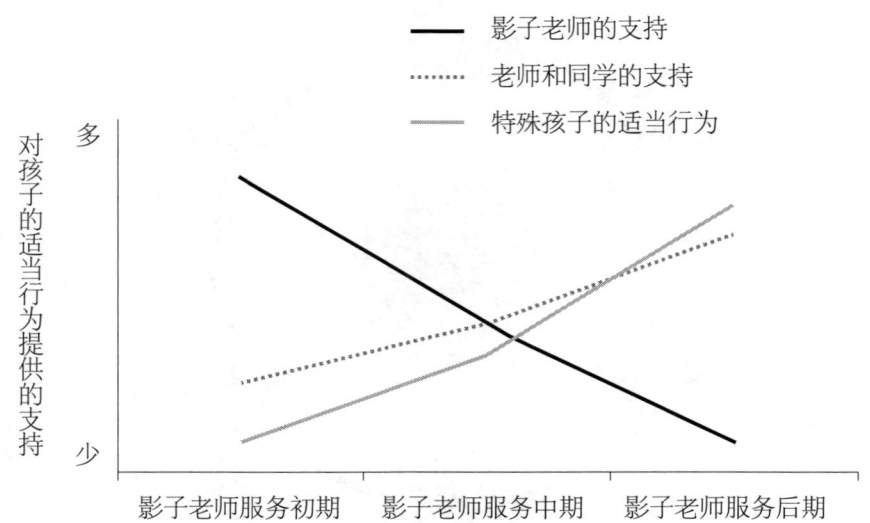

# 4 培养符合年龄、学龄的技能

## 确定针对孩子目前的干预课题

在开展学校影子老师支持服务时，必须观察孩子当前在集体中的表现如何，以确定需要培养怎样的技能。

## 在集体环境中观察孩子的实际表现

只有在集体环境中对孩子进行观察，才会了解孩子真正需要哪些技能。

刚进幼儿园的孩子首先要在新环境中适应老师和其他同学的存在，能够找到好玩的玩具并可以独自玩耍，能够收拾整理等，这些都有可能是干预课题。另外，他可能还要与其他孩子一起玩玩具或聚在一起各自玩自己的玩具，这些也都有可能是需要干预的教学任务。

日常生活中会反复用到的生活自理技能也是孩子早期阶段的学习任务，如将自己的书包和杯子放到指定的位置，区分在室内穿的鞋和外出时穿的鞋，并能够将其取出或放回，这些都是重要的技能。

刚进入小学的孩子，需要能够区分自己带去的各种用品，有的要放到指定的位置，有的要遵从老师的指令拿出来使用，也要会抄板书、在试卷上写答案等。这些技能与在幼儿园时相比增加了很多。此外，还有诸如准备自己的午饭，管理需要上交的作业，做好时间管理，以及场所转换等自理技能，都是新的干预课题。

## 对问题行为的处理方式要与孩子的年龄相符

对待问题行为也是同样的道理。刚进幼儿园的 3 岁孩子，在和母亲分离时会抓住母亲不放并大哭，这并不算是太大的问题，玩得太入迷而尿了裤子也是常有的事。

但是如果到了小学高年级或中学后，孩子仍然反复出现上述行为，那就要被看成是问题了，并且是很需要矫正的目标行为。

"这也是问题，那也是问题。""这个也想矫正，那个也想矫正。"我们不该这样把所有行为都看成问题行为。在考虑支持的内容时，我们要判断该行为是否和孩子的年龄相符。

## 量身定制的支持

如上所述，我们需考虑到孩子的个人成长经历、所处集体的情况，以及孩子入园或入学时的年龄阶段，根据这些不同的情况，制订影子老师支持方案的干预目标，明确孩子的过度行为和缺乏行为。

不过，很多情况下，这只是个参考标准，并非对所有孩子的干预都必须依照其年龄规定该增加哪些相应的适当行为。

对于孩子已经掌握的技能，我们只需考虑如何让孩子保持和应用它们。但如果我们通过观察发现某个必要的技能孩子并未熟练掌握，那么就应该将该技能作为随后干预的目标。

重要的是，我们要了解孩子在生活环境中已经掌握哪些技能，尚未掌握哪些技能，为了提高他以及所处集体中所有人的生活质量，我们需要做出哪些改变。对于这些，我们应该根据孩子的具体情况进行特定考虑。

在实践 ABA 技术的过程中我们绝不能只按照固定的规则行事，而必须为孩子量身定制只属于他一个人的支持方案。

## 5 不同学龄段的总体目标

### 幼儿园

幼儿园可以说是孩子第一次设身其中并参与集体生活的场所,在这里的主要干预目标可以考虑以下这些课题。

**集体环境中的生活常规**

- 在自理能力上,需掌握一些基本生活规律和生活方式。
- 能够模仿小朋友的行为。

**语言和交流**

- 第一次进入集体生活,要具备一些功能性的交流能力,不能只通过一些问题行为达到沟通目的。
- 能够将已经在家庭里掌握的交流技能应用于家人以外的其他成人和孩子。
- 具有一些语言的发起或应答能力,用于与同龄孩子的互动。

**游戏**

- 能够和同龄孩子平行地玩,或者互动地玩。
- 能够共享玩具,或者轮流地玩。

**基础学业**

- 学习使用物品名称和颜色名称,掌握一些形容词和动词。
- 能够使用剪刀、糨糊、彩纸等学习用具。
- 能够画画及涂色。

## 小学低年级

孩子进入小学后，很重要的一个目标是学习自我管理能力，并掌握一些学业技能。孩子应该能够倾听老师和同学的发言，并做出适当的回应。在这个阶段，引导孩子减少问题行为也是重要的干预课题。

### 集体环境中的生活与学习常规

- 能够坐在座位上，持续一定时间。
- 可以看钟表并做时间管理。
- 可以记住多个课程场所并能够顺利转场。
- 在确认自己安全的同时，能够独自或者跟随集体上下学。
- 可以通过观察他人的行为调整自己的行为。
- 能够有意识地整理自己的服装。

### 语言和交流

- 能够将已经在家庭或幼儿园掌握的交流语言应用在与小学老师和同学的交流中。
- 能够根据班主任等特定人物给出的特定语言指令调整自身的行为。
- 学习使用表示"约定"和"拒绝"类的语言。
- 听取老师和同学的发言，并适当地给予回应。

### 学业

- 学习字词、词组和句子并阅读文章。
- 正确而清晰地书写文字。
- 掌握加法和减法等运算技能。
- 理解作业要求并能够完成作业。

### 闲暇活动

- 在休息时间或在学习任务结束得比较早的时候，能够在教室内的活动资源（如班级图书、算术工具或涂色教具等）中选择自己喜欢的游戏，并玩一段时间。
- 可以参加一段时间的有规则的集体游戏并感受其中的快乐。

## 小学中高年级

进入小学中高年级后，随着学龄的上升，普通孩子的语言技能和交流技能会越来越成熟，他们在参与活动或对他人做回应时，都不再只是直来直去，而是会使用比喻之类的语言技巧或说谎。这个时期的干预课题主要包括以下这些技能。

### 集体环境中的生活与学习常规

- 能够根据多位老师发出的不同语言指令和其他示意调整自己的行为。
- 在不同教室（如实验室或音乐教室）或不同环境中，都能应用自己掌握的学业技能。

### 语言和交流

- 能够说笑话，能就对方的发言提出自己的感想或疑问，能够回答对方的问题，从而维持对话。
- 能够在一定时间内参与某个主题的对话，说出自己的意见，并听取他人的意见。

### 学业

- 书写的文字应确保他人可以看得清，诵读时应确保他人能够听得清。
- 可根据抽象的思考或看不见的线索，推导出自己的正确答案。

### 闲暇活动

- 增加休闲活动，能够在一定时间内进行看书、拼图等需要长时间坚持的活动。
- 理解并参加棋牌类游戏或电子游戏等有复杂规则的集体游戏。

# 第 3 章
## 影子老师需要的 ABA 基础知识

本章主题：讲解影子老师需要掌握的 ABA 基础知识。

这些基础知识涉及人类行为的普遍原理，不仅可以帮助影子老师，也可以极大地帮助家长和其他家人以及普通老师，更好地理解孩子在家里和学校的种种行为表现，并提供有效的支持方法。

# 1 ABA 是提高生活质量的有效方法

ABA 是心理学中行为分析学领域的知识内容，是从观察并分析行为与环境的相互作用角度理解人类行为，并为提高生活质量提供有效支持的一门应用科学。

这里所指的"环境"并不只是很多人认为的居所、森林或湖海等自然生态环境，还包括周围的家人和学校里其他人的言行以及社会规则等所有会影响人行为的因素。

其他人的存在和言行，以及教室里和家庭中的各种环境因素都会对孩子的行为产生影响。

## ABA 最大的特点

ABA 最大的特点，是不以心灵为研究对象，而是以可观察的环境与行为为研究对象；不靠臆测，而是根据确实的信息提供支持。

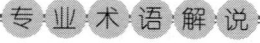

### 行为分析学

是心理学的一个研究领域，是由美国心理学家 B.F. 斯金纳开创的、理解行为的一套学术理论。它解释了包括人类在内的所有动物的行为为何增加或减少，目的是对行为进行预测和调整，是一门通过大量重复实验而发展起来的科学。

## ABA 的两种支持类型

### "从下至上"型支持

存在发育障碍的孩子，最早在出生后 8 个月大时，平均在 2 岁半到 3 岁时，就可能会被医生发现发育落后的表现。

从早期阶段到小学毕业的这段时间，孩子可以通过密集训练掌握各发育阶段的种种技能（语言的获得和功能性使用、认知、记忆、信息处理技能、社交技能、生活自理技能，以及学业技能等），从而全面地获得机能康复，迎接未来的社会生活。

像这样，从幼儿期或儿童期就开始展开，帮助孩子掌握各种基础技能的支持叫作"从下至上"型支持。它包括两个方面，一个是在家庭中进行的早期密集干预（行为训练），另一个是由影子老师在集体场景中进行的密集干预。

### "从上至下"型支持

到了小学高年级及中学后，发育障碍儿童获得支持，有助于其成年后有机会顺利参与社区生活。相对前面所述的支持而言，这类支持叫作"从上至下"型支持。

在这个阶段应该开展在社区生活和家庭生活中所需的特定行为的教学，还应培养孩子成年时所需的、持续时间较长的进行闲暇活动的技能，扩展特长范围，以及开展职业培训等。如果发育障碍儿童存在某些显著的问题行为，那么在这个阶段也需同时开展行为矫正的支持。

---

**· 专 · 业 · 术 · 语 · 解 · 说 ·**

**应用行为分析（ABA）**

将在基础研究中发现的行为原理应用于现实生活中，帮助有困难的人调整其行为和环境，使其过上更美好的生活。

尤其是在帮助发育障碍儿童方面，ABA 提供了有效的支持、教育和行为管理方法。大量的研究数据证明了它的成效。ABA 还应用在其他人类活动的各种领域，如普通学校教育、公司的员工培训，以及生产组织和医疗行业的安全管理等方面。

# 2 如何看待行为的发生原因

- 为什么只在上算术课时离座？
- 为什么每到语文测验时就哭？
- 为什么不模仿周围同学做事？
- 为什么对同学又踢又打？

对于在教育孩子过程中碰到的种种疑问，我们大致会有两种解释方法。

## 一般的解释无法解决问题

问题行为的发生原因并不是很容易就能找到的，所以很多人会用猜测做出类似下面这些解释，比如：他缺乏隐忍的性格、他是压力太大了、他有发育障碍、他今天就是状态不佳等。

但是，如果从障碍的角度，或者从个人性格、动机、状态的好坏等方面找原因的话，说到底都只是猜测。这样的话，接下来又有问题了，他为什么会是那样的性格呢？结果到最后也找不到解决的办法。要改变孩子，我们就要摒弃这类听上去很有道理的解释，我们需要了解另一种解释方法。

如果将孩子行为的发生原因归结为性格或动机，就无法妥善解释，也找不到解决办法。

## 根据行为功能的解释找到解决办法

另一种解释才是能够找到解决办法的思路。这就是 ABA 的解释。它是从"行为的未学习、不稳定的学习、行为的误学习"的角度解释孩子的问题。这样的解释更能回答最后该怎么办的问题,更能够有效地指导我们找到应对办法,从而确确实实地改变孩子的行为。

### 不会做 ×× 的原因是什么?即缺乏行为的原因

**未学习 / 不稳定的学习**:不会,因为之前未曾有在相应的环境中学习该行为的机会或体验,或者虽然学习过几次,但并没有让该行为稳定形成的环境,因而这个行为没能得以维持。

| | | |
|---|---|---|
| 为什么不肯坐下? | → | 没有学习过入座行为 |
| 为什么忘了东西? | → | 没有学习过核查自己物品的行为 |
| 为什么不洗手? | → | 没有学习过洗手 |

### 做了 ×× 的原因是什么?即过度行为的原因

**误学习**:做了某个行为之后,能得到某种好处,所以会做该行为。在当时的状况下做出那样的行为,都是有其特定原因(意义、目的)的。

| | | |
|---|---|---|
| 为什么马上就离席? | → | 因为离席会带来好处 |
| 为什么在教室里大叫? | → | 因为大叫会带来好处 |
| 为什么撕试卷? | → | 因为撕试卷会带来好处 |

## 你也能找到解决方法

使用上述未学习、不稳定的学习以及误学习的解释说明孩子行为的发生原因，我们就能找到解决方法。

出现未学习、不稳定的学习的情况，是因为没有在相应环境中的学习经历，或没有能够使行为稳定维持的环境等，所以，我们需要给孩子设置一个能够稳定学习相关技能的环境，逐渐地帮助他建立适当行为。

对于误学习的情况，我们要矫正孩子学习到的错误行为，设置一个利于改变问题行为的相应环境，引导孩子逐渐地学习其他的、更适当的行为。

如果你之前只是在障碍、性格、有无动机、状态好坏等方面找缘由，但孩子的行为却一直未能改善，那么从现在开始就运用 ABA 吧，朝着解决问题的方向迈出一步。

### 小杰妈妈（大阪）

小杰在小学低年级时，经常上课时大叫，还会从教室里跑出去。班主任觉得他是压力太大了，所以，每当这类行为发生时，他就让小杰在校园里跑，或去喝水，以此让他放松。

可是到了三年级，小杰的这些行为仍然在持续，于是，小杰的妈妈咨询了行为分析师，得到的建议是：把责任全推给压力太大，是无法改变孩子的行为的。我们必须思考他的大叫有什么意义和效果。于是，小杰的妈妈与班主任协商，开始厘清具体的情况，并在课堂现场进行观察，看孩子在什么情况下会出现大叫、跑出教室的行为，记录这些行为带来哪些后果。

通过观察记录，小杰妈妈发现孩子在写笔记和做不太喜欢的题目时，或者在课题很快做完有了多余时间的时候，比较容易发生这些问题行为。因此，对于孩子不擅长的课题，小杰妈妈开始在家里帮助孩子提前做好预习，或者在课堂上把结束标准明确地告知孩子，如做到这里就可以了。当孩子有多余的时间时，就引导孩子画自己喜欢的画，或引导孩子去帮助老师做事等。后来，孩子的行为一点点得到改善，逐渐能够好好上课了。

# 3 行为是什么

## 行为的定义

ABA 最大的特征就是把可观察的行为作为支持的对象,那么行为究竟是什么呢?ABA 中关于行为的定义比我们平时说的行为举止等日常用词中的行为的概念更广泛。以下是 ABA 对于行为的定义。

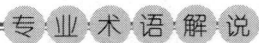

> **行为**
>
> 人(包括动物)能做的,而死人做不到的事。

**判断这些是行为吗?**

以下这些表现是行为吗?

1. 不学习
2. 说出自己的意见
3. 不去学校
4. 饭菜剩下
5. 不听指令
6. 被小朋友打
7. 不在走廊里跑
8. 举手
9. 保持安静
10. 打招呼

(答案在下一页)

## 行为的种类

行为大致可以分为外显行为和内隐行为/语言行为两种。对于ABA有这样的批判声音：只把眼睛能看见的行为作为研究对象，无视人的思想或思考。但真实的情况根本不是这样。人的思想或思考在ABA里是作为内隐行为/语言行为的，也是研究的对象。

### 外显行为：谁都可以观察到的行为

- 坐自己的座位/一个人在走廊里走/在校园里和小朋友一起跑步/在学校吃中饭/喝牛奶/打开教科书/解数学题/在卷子上写答案/穿脱体操服/和小朋友谈论电视节目/和小朋友说话/和小朋友手拉手/听从老师的指令/在家写作业/看漫画/唱动画片的主题歌/玩电脑游戏/坐火车/向店里的人问问题等

### 内隐行为/语言行为：别人不容易看见的脑中的思考/想法（可以通过说话或书写被观察）

- 想：明天的运动会真讨厌！

- 想要和那个孩子玩。

- 想象今天午饭吃什么。

- 想起被老师骂了，于是哭了。

- 想：外面工地好吵，真讨厌啊！

- 想：老师生气的脸色好吓人。

---

答案

1.✗  2.✓  3.✗  4.✗  5.✗  6.✗  7.✗  8.✓  9.✗  10.✓

## 记录行为时的要点

在记录行为的时候,有一些要点需要注意,这样才能获得有助于特殊需要儿童的行为记录。

### 要点1:"不做××"应改写为"做××"

不用"不做××"这样的否定表达,而应该使用"做××"这样的肯定表达,这一点非常重要。

| 改写前 | 改写后 |
| --- | --- |
| 不听老师的话 | 不听老师的话,自己玩手 |
| 不和小朋友搞好关系 | 从后面推小朋友,打小朋友的头 |
| 不做课题 | 把发下来的考卷撕破 |
| 不在走廊里跑 | 在走廊右侧走 |

### 小凯妈妈(东京)

为了观察儿子小凯(小学二年级)在教室里的行为,我去了学校。在那里,我很震惊。老师在教育现场竟然使用了那么多否定表达:不要在走廊里跑、现在不要说话、不要打小朋友、不要玩铅笔盒等。当然,有的孩子在听了老师这样的提醒后,会改变自己的行为,但我儿子是不会听从这样的指令的。最后我实在无法忍受我儿子一直持续的问题行为,我小声地明确告知他应该怎么做,如不要在走廊上跑,应该在右侧走等,小凯这才理解并顺利地照做了。

## 要点 2：具体地记录行为

对于诸如"好好做""努力"之类并不明确的表达，不同的观察者会有不同的评价标准，每个孩子也会有各不相同的理解。如果我们对孩子下达这类不明确的指令，那么他基本上不大可能按照我们的要求行动。所以，记录时要做到，不管是谁看了记录文字都能明白具体该做出怎样的行为。

| 改写前 | 改写后 |
| --- | --- |
| 上课时好好坐 | 背挺直，脚心贴地，脸朝前，手放膝盖 |
| 努力学习 | 坐正并答题 10 分钟 |
| 和小朋友搞好关系 | 向小朋友借东西时说"请借给我" |
| 打起精神来 | 与人打招呼时说"早上好" |

**小欧妈妈（东京）**

为了更好地观察女儿在幼儿园的行为，行为分析师给了我以下建议，非常管用。

在记录本上写下关键词后，要再改写一次，以便让没有在现场观察的人也能读懂行为发生时的具体情况。

把"好好地""认真地""努力""搞好关系""恶作剧""不做""不再""一个人""哭闹""恐慌"等词写在记录本的一角来警示自己，要观察得更为细致，这样才能更清楚地看到孩子在做什么以及什么技能还不足。

# 4 认识行为：为什么做/不做那样的行为

我们在第 26-28 页讲解了如何运用 ABA 解释做/不做某种行为的原因。在本节将进一步详细说明某个行为出现/不出现的原理。

**通过行为和环境的相互作用来思考——ABC 分析**

了解、预测、调整行为：某种行为在什么时候会比较容易发生（或不容易发生）？行为的后果会引起（或不引起）怎样的变化？搞清楚这些内容很重要，这就是我们所说的通过行为与环境的相互作用来思考。

下面，我们通过一些幼儿园或小学中常见的典型案例分析行为与环境的相互作用。

---

例 1：行为增加的例子① 向小朋友头上扔沙子的小季

小季在幼儿园的沙坑里独自玩了一阵之后，抓起沙子扔到了旁边的小朋友——小健头上。小健哭了，老师对小季说："不能对小朋友扔沙子，你要向小健道歉。"可小季还是向小健扔沙子。于是，老师就把小季抱到秋千那边去了。

如果我们用行为与环境的相互作用解释小季扔沙子的行为，该怎么分析呢？是因为小季很讨厌小健吗？是因为小季从早上开始就一直烦躁吗？是因为小季有什么压力吗？这样的解释都只不过是臆测。

我们必须采用更有助于为孩子提供支持的解释方法。以下的 ABC 分析才是管用的。

### 行为理解工具 1：ABC 分析

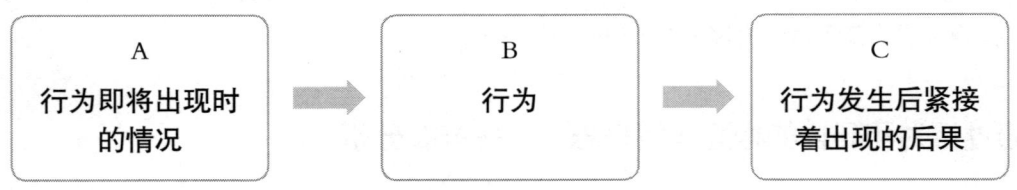

现在，我们来对小季扔沙子的行为进行 ABC 分析。

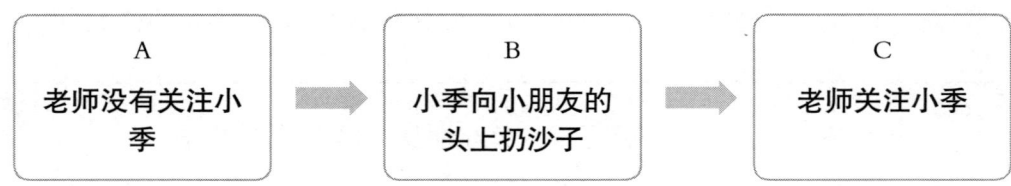

我们这样考虑问题的话，就能够看清楚小季的行为是在怎样的状况下发生的，看清行为带来了怎样的结果变化。在这个例子中，我们可以看到，小季先是独自玩了一阵，向小健头上扔沙子后，老师对他说："不能这样啊！"并把他抱起，小季通过该行为得到了来自成人的关注的好处。

> **专 业 术 语 解 说**
>
> ### ABC 分析
>
> 　　它是分析行为与环境的相互作用时非常方便的方法。行为即将出现时是怎样的状况，行为出现之后带来了怎样的后果，我们可以用这个方法分析行为原因。
>
> 　　我们在进行 ABC 分析时，只考虑可以实际观察到的状况和行为，不要考虑诸如"他不喜欢那个小朋友"或"他压力太大"等无法观察的臆测信息。我们只需考虑那些不管是谁都能观察到的情况，那才是具体而有用的信息，这点很重要。

> **经验谈**
>
> **小凡妈妈（广岛）**
>
> 　　我的儿子小凡现处于小学高年级阶段。我和班主任就他在教室里的问题行为做过一次讨论。讨论中，我们一边运用 ABC 分析，一边商量着在纸上把这些内容写出来：什么时候，发生什么样的问题行为，产生什么后果。
>
> 　　以前，我们觉得小凡的问题行为毫无一致性，似乎没有意义，也没有原因，全是糊里糊涂就出现的。但当我们运用了 ABC 分析后，就看清了问题行为的出现原因和干预计划的大致方向。

### 例 2：行为增加的例子②　逃避算术测验

　　老师进了教室后，说："好，我们现在开始算术测验。"然后发放了试卷。本来一直坐着看书的小佑突然站起来大叫："哇……"他开始在教室里来回奔跑。

　　老师觉得小佑出现这样的问题行为是因为压力太大了，于是对他说："你的测验我们可以等一下再开始。"

　　结果，小佑就获准推迟算术测验，他笑嘻嘻地出了教室。下一次测验时，小佑又做出了同样的行为。

我们对小佑的逃避行为进行 ABC 分析。

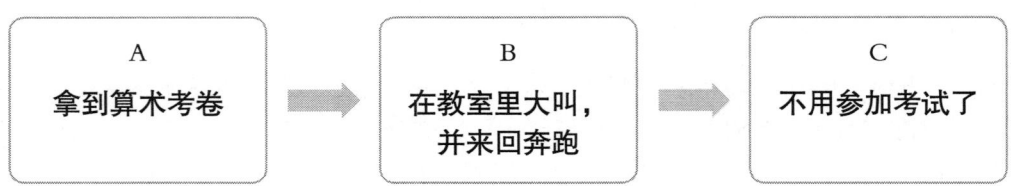

这里可以看出，小佑在试卷发下来之后就在教室里来回跑，可以得到"不用考试"的好处。

例 3：行为减少的例子① 　上课时不再举手的小丽

老师在课堂上提出了一个算术问题，小丽知道答案，就举手了。老师点了小丽来回答，她站起来回答了，但是她的答案错了，于是同学们纷纷说："哦，不对哦！"大家开始哄笑。在另一节语文课上，小丽发言后，老师说："你的声音太小了，再说一遍。"结果，小丽从此以后就算知道答案也不再举手了。

我们对小丽不再举手的行为进行 ABC 分析。

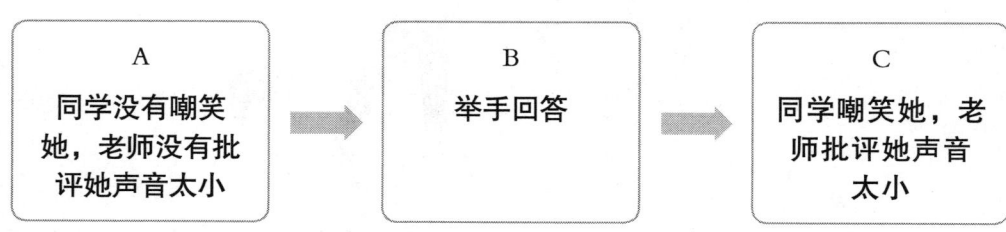

小丽知道答案并举手，但她被老师叫起发言的结果是被同学嘲笑以及被老师批评声音太小。从中我们可以看出，小丽发言之后得到了不好的后果，因此她举手的行为就不再发生了。

例4：行为减少的例子② 厌恶去幼儿园的小彩

3月份以前，妈妈每周带小彩一起去幼儿园的预备班上学2~3次。小彩与最爱的妈妈一起走进教室，上午在妈妈的陪伴下与小朋友和老师一起玩玩具、看书、吃点心，愉快地度过3个小时。但从4月份开始，小彩升入幼儿园小班，这下子她只能和妈妈在幼儿园门前说再见后一个人走进教室了。上小班后的一个星期左右，小彩在幼儿园门口拉住妈妈大哭，不肯走进幼儿园。又过了一个星期，每当上幼儿园之前，她在家里门口穿鞋时就开始很烦躁地抓住妈妈的衣服不放。

对小彩厌恶去幼儿园的行为进行ABC分析。

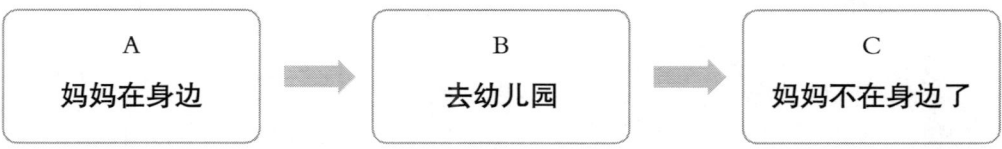

小彩上了幼儿园小班，不能再像以前那样有妈妈陪在身边了，进入幼儿园后就要和妈妈分开了（妈妈不见了）。我们可以看出，小彩去幼儿园这个行为带来的是"妈妈不在身边了"这个不好的后果，小彩去幼儿园的行为也就越来越少。

我们来对小健打招呼的行为进行 ABC 分析。

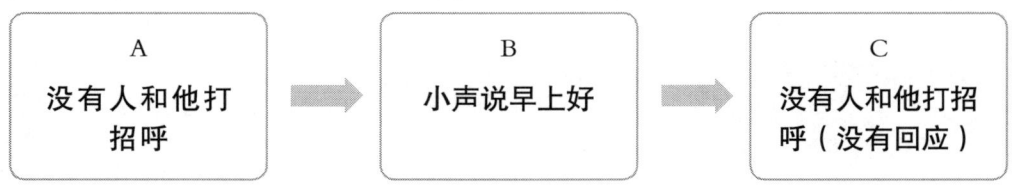

这里我们可以看出，小健打了招呼，但没有人回应小健，也就是行为没有产生效果，因此这个行为就不再发生了。我们也可以这么理解，小健打招呼，但没有获得任何好处，所以这个行为不再发生了。

### 行为为什么会发生：强化的机制

我们在日常生活中持续出现的种种行为，大部分都是根据经验习得的。前面讲的例1和例2就是行为增加的例子，即体现出行为是习得的。通过这两个例子我们可以看出，行为（B）之后马上产生一个正面的后果（C），因此该行为被增加或被维持了。行为增加或维持的过程叫作强化。前面讲过的"误学习"也可以归结为这个强化过程。

我们通过例1和例2可以看出，行为被正面的后果所强化包括两种类型。

**类型1：从"无"到"有"，即因强化物的呈现而带来的强化**

例1中，小季没有得到老师的关注，独自在沙坑玩（A），由于向小朋友扔沙子（B），产生了获得老师关注的正面后果（C）。

这是类型1，其原理是，行为出现之前处于"无"的状态，行为出现之后，环境变化，"有"了喜欢的东西（强化物），以后该行为将会因此增加。这叫作因强化物呈现而带来的强化。

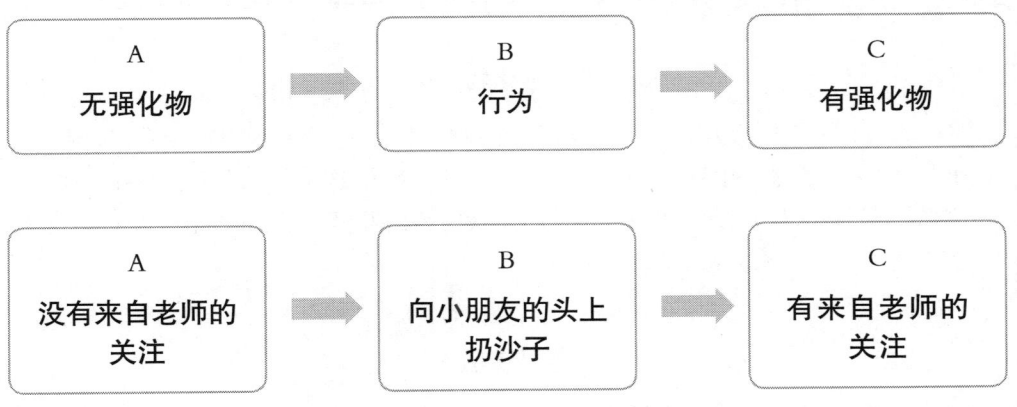

**类型2：从"有"到"无"，即因厌恶刺激消失而带来的强化**

例2中，老师进教室后开始发算术试卷，小佑站起来在教室里来回跑（B），产生了可以不参加考试的正面后果（C）。

这是类型 2，其原理是，行为发生之前处于"有"厌恶刺激的状态，行为发生之后，环境变化，讨厌的东西（厌恶刺激）"没有"了，以后该行为将会因此而增加。这叫作因厌恶刺激消失而带来的强化。

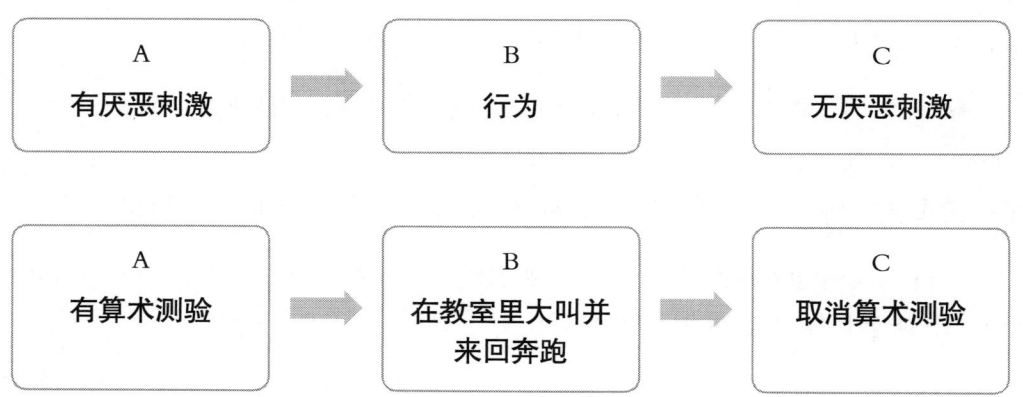

### 专业术语解说

#### 强化物

像例 1 中那样，行为发生后马上获得一个刺激，以后该行为会因此增加或维持的话，我们就把获得的这个刺激称为"强化物"。反过来，行为发生后马上去掉了既有的一个刺激，以后该行为会因此减少的话，同样的，我们把去掉的这个刺激也称作"强化物"。通俗地说，强化物就是这个人喜欢的东西。

#### 厌恶刺激

像例 2 中那样，行为发生后马上去掉既有的一个刺激，以后该行为会因此增加或维持的话，我们就把去掉的这个刺激称为"厌恶刺激"。反过来，行为发生之后马上给予一个刺激，以后该行为会因此减少的话，同样的，我们把给予的这个刺激也称作"厌恶刺激"。通俗地说，厌恶刺激就是这个人讨厌的东西。

强化物和厌恶刺激的概念，我们还会在第 45 页再次详细讲解。

### 行为为什么不再发生：惩罚机制

反过来，例3和例4都是行为减少的例子。

我们通过这两个例子可以看出，行为（B）的发生带来了某个负面的后果（C），因此该行为会减少或消失。这个过程在行为分析里称作惩罚。

通过例3和例4可以看出，负面后果也包括两种类型。

#### 类型3：从"无"到"有"，即因厌恶刺激的出现而带来的惩罚

例3中，小丽举手发言之前，没有来自同学的嘲笑和老师批评（A）。得知答案后举手发言（B）产生的后果是出现了同学的嘲笑和老师的批评（C），小丽的举手和发言行为就逐渐减少了。

这是类型3——因厌恶刺激出现而带来的惩罚。其原理是，行为出现之前处于"无"的状态，行为出现之后，环境变化，"有"了讨厌的东西（厌恶刺激），而以后该行为将会因此减少或削弱。通俗地说，就是行为导致讨厌的东西出现，那么该行为将不再发生。

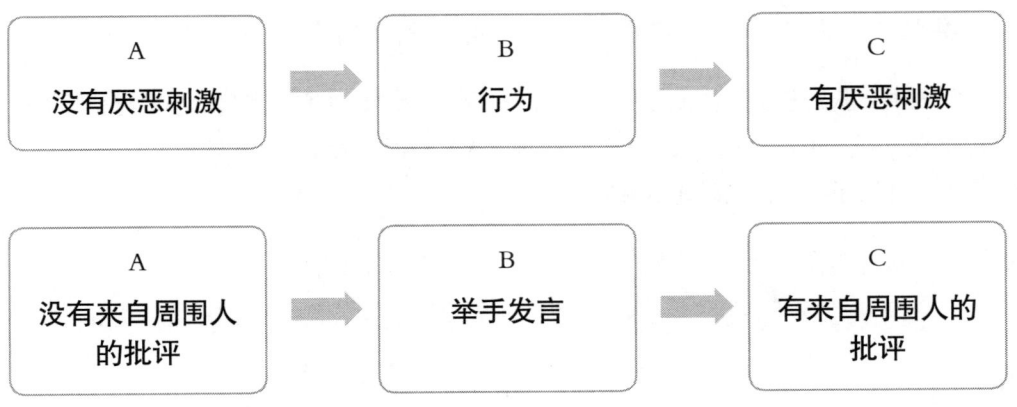

#### 类型4：从"有"到"无"，即因强化物消失而带来的惩罚

例4中，小彩在去预备班时，最爱的妈妈一直在自己身边。但进了同一所幼儿园的小班后，小彩独自进幼儿园教室的行为（B）产生的后果是，妈妈马上就不见了（C），这个体验持续了一段时间后，小彩去幼儿园的行为减少了。

这是类型 4——因强化物消失而带来的惩罚。其原理是，行为发生前处于"有"喜欢的东西（强化物）的状态，行为发生后，环境变化，喜欢的东西（强化物）"没有"了，该行为将会因此减少或削弱。

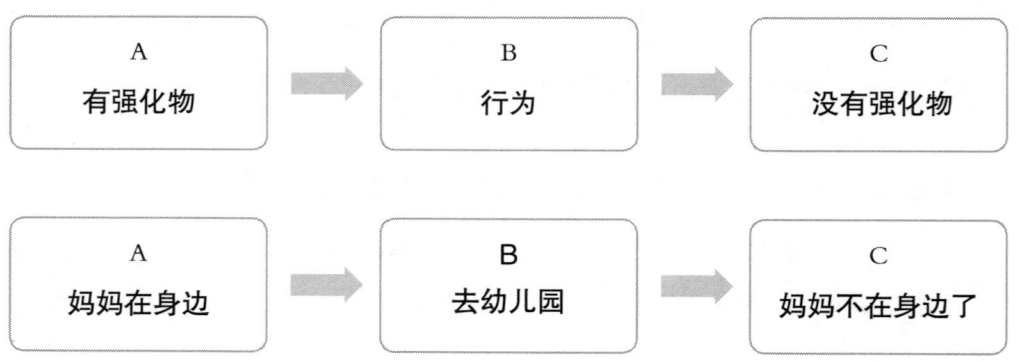

## 行为为什么会减少或削弱：消退

除了惩罚机制，还有一种行为减少或削弱的原理。例 5 就是这样的例子。

### 类型 5：从"无"到"无"、从"有"到"有"，即消退

例 5 中，小健进教室之前没有同学与他打招呼（A），进了教室之后小健打招呼（B），但还是没有同学跟他打招呼（C）。行为前（A）和行为后（C）的环境没有任何变化，因此小健打招呼的行为就逐渐不再发生了。

这个过程叫作消退。行为发生的前后环境没有变化，因此该行为会减少。

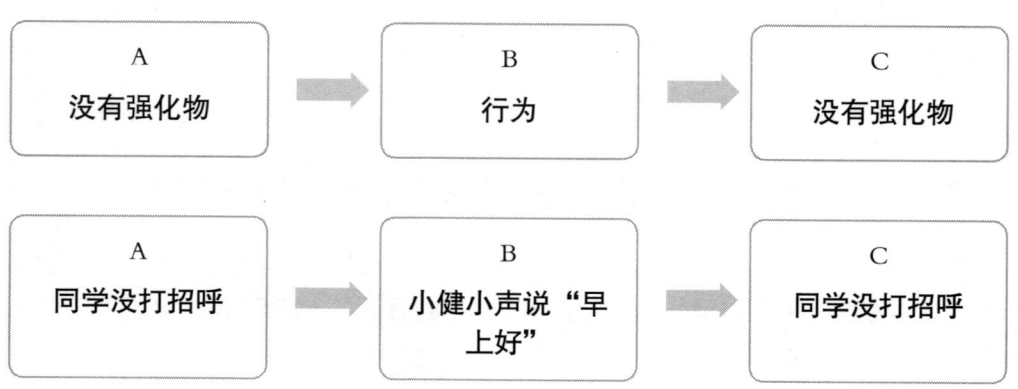

例5是从"没有"到"没有"的例子，此外还有一个环境没有变化的类型，是从"有"到"有"。

下面举个有点极端的例子。比如，有一个人某段时间感觉脚特别疼，他贴膏药或者按摩都没见效，去医院检查也找不出哪里不对，可他就是感觉特别疼。有一次，这个人偶然在某本书里看到"在红纸上画个圈，然后贴在脚上，脚痛的毛病就会好"。于是他就照办了，并且重复了多次，但脚疼还在持续，没有好转，于是这个人最终也就停止了这个迷信活动。

在这个例子里，脚疼是厌恶刺激，搞迷信活动的后果并没有让厌恶刺激消失，因此迷信行为就中止了，这就是从"有"到"有"的例子。

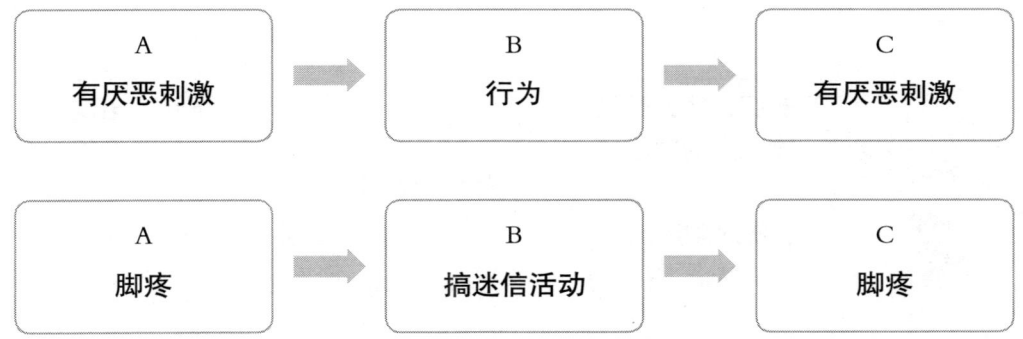

### 经·验·谈

#### 小美妈妈（大阪）

从我女儿小美上小学二年级开始，每到傍晚时分，我们母女俩就为完成学校的作业而烦恼。写汉字、做算术题、朗读课文等，这些作业对女儿来说太多了。女儿扔书包，扔作业本，又哭又闹，我根本没办法要求她写作业。但如果不想办法改变这个状态，她就会失去很多学习机会。于是我和班主任老师商量，减少了她的作业量。开始，我只要求她完成特别少的作业量。另外，即便女儿扔作业本，我也不再允许她不写作业，为了让她坐下来写作业，我一方面给她一些提示，另一方面，明确告知她大概需要多长时间就能做完作业等。

半年后，我女儿能完成的作业量大概是正常水平的2/3了，她可能也清楚了即使自己扔作业本和哭闹也毫无意义，所以她能够自己写作业了。哭闹和扔作业本的行为消退了。

## 记住行为依联

我们通过以上的例子,讲解了行为增加的机制和行为减少的机制。我们再用一个表格做个总结。这种行为与环境变化的相互作用关系和过程,叫作行为依联。我们将这个表格装进自己的脑子里,就能理解为什么那个行为会发生或者不发生了。

行为理解工具 2:ABC 分析

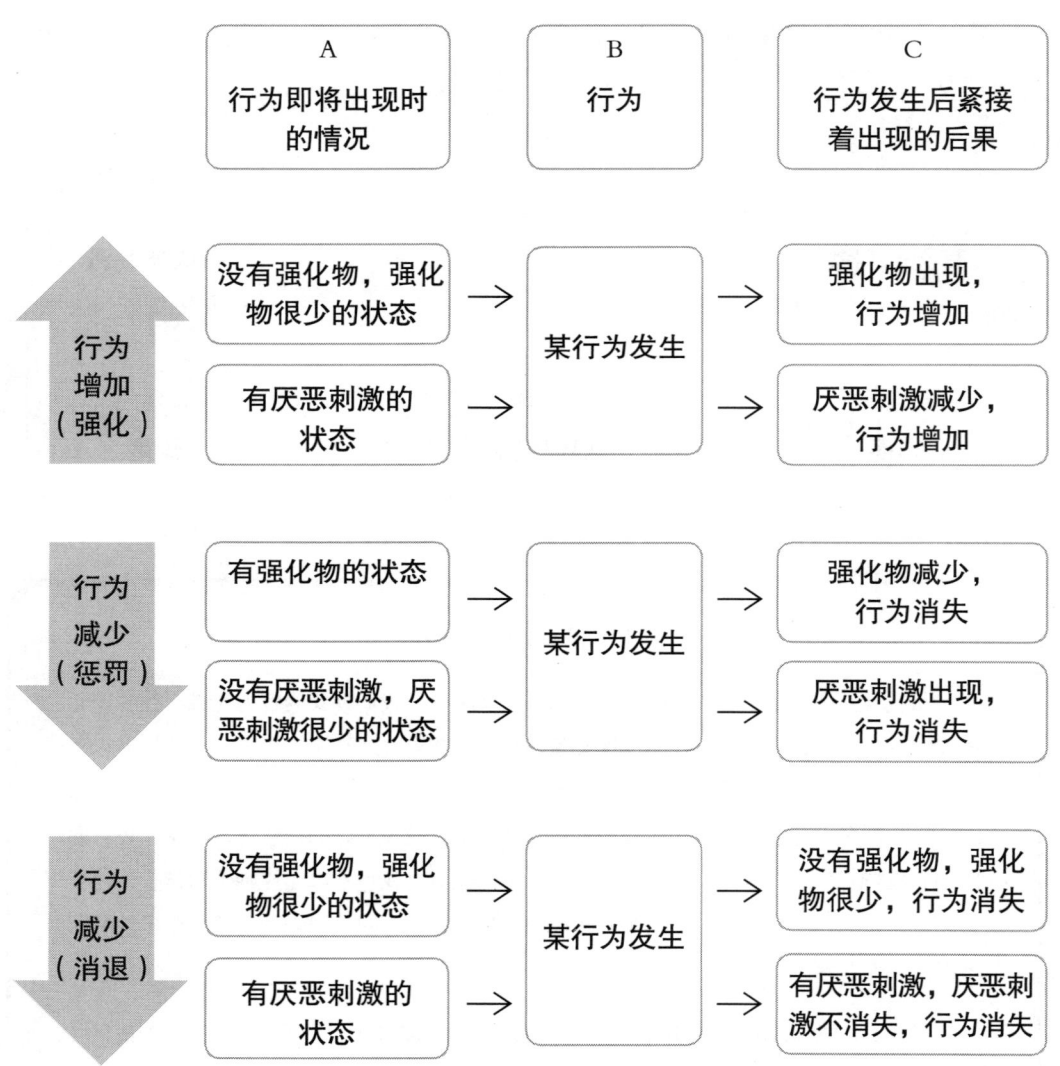

## 5 强化物和厌恶刺激是什么

在前面第 39-44 页,我们在讲解行为增加或减少的原因时,出现过"强化物"和"厌恶刺激"这两个词。在此,我们再次把这两个词的意义进行整理。

### 强化物

· 行为发生后马上出现的、会导致该行为增加的刺激。

· 行为发生后马上被去除的、会导致该行为减少的刺激。

· 通俗地说,是指某人喜欢的东西或事情。

### 厌恶刺激

· 行为发生后马上出现的、会导致该行为减少的刺激。

· 行为发生后马上被去除的、会导致该行为增加的刺激。

· 通俗地说,是指某人讨厌的东西或事情。

孩子被妈妈表扬这件事成为"强化物",收拾整理的行为就会增加。

## 每个人的强化物／厌恶刺激都不一样

我们举例时,常常会选择一些普遍适用的强化物和厌恶刺激的例子。但实际上,对每个孩子来说,强化物的种类和价值都不一样。重要的是要观察孩子,对他来说什么才是真正的强化物或厌恶刺激。观察时,我们要着重看行为究竟是否会因此增加或减少。

---

**挨骂一定是厌恶刺激吗?被表扬一定是强化物吗?**

小顺上课时大声说笑话,每当这时班主任老师就会走到他旁边训斥道:"安静!"但小顺说笑话的行为非但没减少,反而在被老师训斥后,又增加了。

小莎学会了自己把便当盒子放进包里,老师在全班人面前表扬小莎说:"好棒啊!"可小莎突然跑了出去,一个人跑到校园的沙坑里去玩了。第二天老师又表扬了小莎,可这次她还是跑出去了。后来,小莎自己收拾便当盒子的行为逐渐消失了。

提问:对小顺来说,被老师骂是强化物还是厌恶刺激?对小莎来说,被老师表扬是强化物还是厌恶刺激?

(答案在下一页)

---

**小欧妈妈(京都)**

我儿子小欧上幼儿园大班,他有触觉敏感的表现,不喜欢被人摸头或举高高。

刚进幼儿园时,每当我儿子和小朋友玩得很好,或者帮忙整理东西时,班主任老师都会摸着他的头表扬他,有时也会把他抱到自己膝盖上。可每次儿子都表现得很厌烦,并挣脱老师。

所以我就向班主任老师建议,对我儿子来说,这种身体接触不是表扬,请老师改变一下反馈的方式,可以尝试用"好棒"之类的语言夸奖,向他露出笑容,唱喜欢的歌给他听等。后来我儿子不再讨厌老师的表扬了,对老师的表扬会露出开心的表情。

## 强化物的种类与强化物确认

强化物包括非习得性强化物、习得性强化物和内隐强化物，详见下表。要改变孩子的行为，就要先确认对孩子来说什么是强化物/厌恶刺激。我们可以用以下几条标准确认孩子的强化物是什么。

- 强化物出现后行为增加或增强了吗？
- 孩子有很喜欢、一直想要获得的物品吗？
- 孩子表示出积极的反应了吗（如露出笑容、发出笑声等）？
- 有语言表达能力的孩子，说出自己喜欢的是什么了吗？

| 非习得性强化物 | 食物 | 巧克力、糖、薯片、水果、冰激凌 |
|---|---|---|
| | 饮料 | 果汁、汽水、茶、牛奶 |
| | 感觉 | 蓬松的东西、发光的东西、有声音的东西、好闻的东西 |
| 习得性强化物 | 社会性 | 口头表扬、笑容、拍手、关注、OK 手势、与人的互动 |
| | 物品 | 玩具、电脑、电子产品、卡片、书、布娃娃 |
| | 活动 | 玩游戏的机会、休息、看电视的机会、外出 |
| | 泛化性 | 积分、贴纸、硬币、100 分、小红花、印章 |
| | 特权 | 排在第一个的权利、使用电脑的权利、做领导的权利 |
| 内隐强化物 | 想法与感受 | "我成功了！" "好开心！" "太好玩了！" "再来一次" |

---

### 答案

在小顺的例子中，说笑话的行为在老师的斥责之后增加了，所以这里的斥责是紧跟在行为之后的、增强行为的强化物。

在小莎的例子中，小莎被表扬后跑了出去，也逐渐不再收拾便当盒子了，所以这里的表扬是减少行为的厌恶刺激。

人们一般会认为挨骂是讨厌的事，被表扬是喜欢的事，但其实我们不能妄下定论，而要观察行为究竟是增加还是减少，这才是最重要的。

## 6 行为的内涵比表象更重要

### 为什么需要 ABC 分析

我们在第 33-44 页讲解了 ABC 分析以及行为增加或减少的原因。在本节继续讨论为什么一定要进行 ABC 分析。

小茜在教室里表现出以下六种问题行为。

1. 算术卷子发下来后,她就会挠头和自言自语。于是老师让小茜离开教室去走廊里平息情绪。小茜一到走廊里,问题行为就停止了。

2. 吃午饭时,小茜不出声地坐在自己的座位上等发饭。3 分钟后,小茜开始自言自语,同时挠头和手臂,一直持续到开始吃午饭。

3. 语文考试时,老师刚走进教室,小茜就开始趴在桌上哭。老师和她说话,她也不抬头。后来小茜没有参加语文考试。

4. 课间休息时,小茜一个人待着,经常会突然开始趴在桌上哭。同学们会吃惊地围过来,关切地问:"你怎么啦?你哪儿不舒服?"并抚摸她的后背,小茜慢慢就停止哭泣了。

5. 老师在教室里检查作业时,小茜会靠近老师,使劲跺脚并开始哭。老师就会问:"你怎么啦?"并抱住她。

6. 自习时间,小茜看到有同学在看图画绘本,就会靠近他,使劲跺脚并开始哭。同学就会把绘本借给小茜。

表现 1 到表现 6 中有一些相似的行为。但在这里我们应该关注的不是行为表象,而是内涵,也就是要着眼于行为功能(意义/目的)是什么。即便行为看上去是一样的,但如果其功能不同,那么处理方法也会不同。

要了解行为功能是什么,就要用到 ABC 分析。我们对小茜的这六种行为进行 ABC 分析。

表现 1 中，厌恶刺激消失带来的强化：逃避课题。

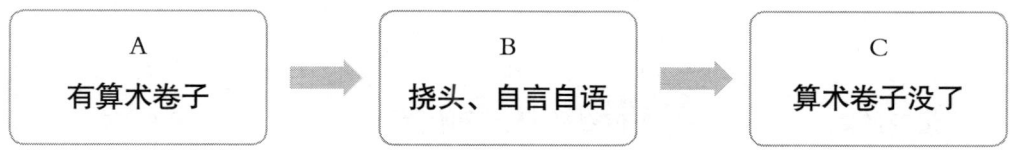

表现 2 中，强化物出现带来的强化：获得自我刺激。

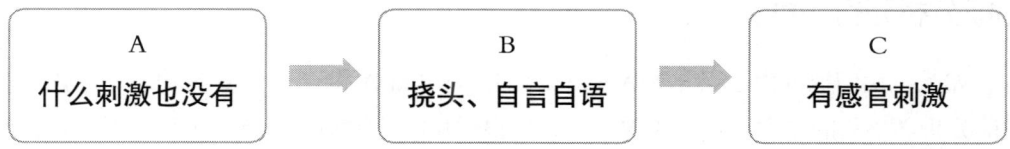

表现 1 和表现 2 中的行为看上去很像，但经过 ABC 分析后我们就会发现其功能是不同的。同样，表现 3 与表现 4、表现 5 和表现 6 看上去也很像，但其行为功能不同。

表现 3 中，厌恶刺激消失带来的强化：逃避课题。

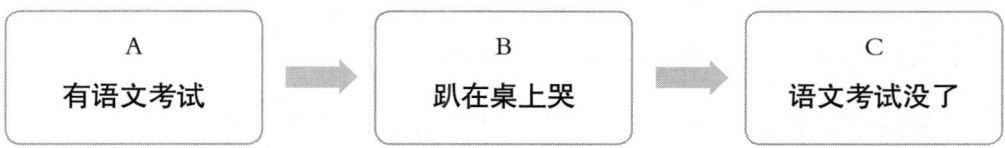

表现 4 中，强化物出现带来的强化：获得社会关注。

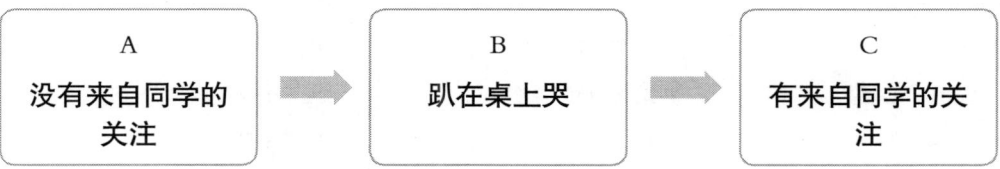

表现 5 中，强化物出现带来的强化：获得社会关注。

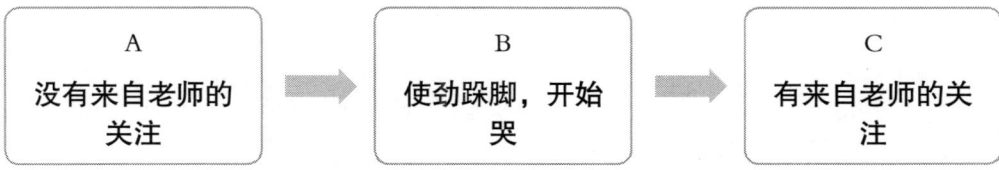

表现 6 中，强化物出现带来的强化：获得具体物品。

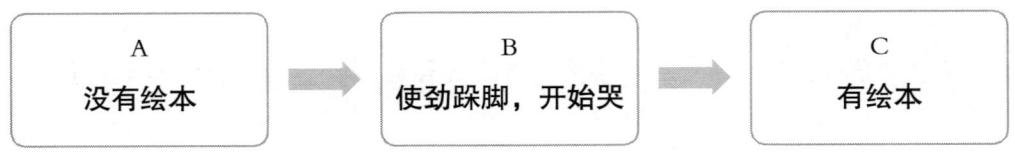

## 功能分析和行为种类

如此，我们把行为过程分为 ABC 三个部分，分析 A 和 C 赋予 B 的功能，这就叫作功能分析。小茜的这六种行为表现里，我们根据功能分析知道了表现 1 和表现 3 具有相同功能，即都是逃避课题（厌恶刺激消失带来的强化）。虽然行为表现看上去不一样，但行为的功能可能是相同的，我们可以依据行为的功能划分出行为种类。

表现 4 和表现 5 具有得到社会关注（强化物出现带来的强化）的相同功能，属于同一种行为。

表现 2 和表现 6 都是强化物出现带来的强化，但经过进一步细致分析，会发现表现 2 的强化物是感官刺激，而表现 6 的强化物是具体物品。

在探求孩子的行为原因时，我们可以参考以下分类，让功能分析更简单。

| 强化物 / 厌恶刺激 | 强化物出现带来的强化 | 厌恶刺激消失带来的强化 |
| --- | --- | --- |
| 社会关注 | 得到他人的关注 | 逃避他人的关注 |
| 课题 / 活动 | 得到课题或活动 | 逃避课题或活动 |
| 具体物品 | 得到物品 | 回避物品 |
| 感官刺激 | 得到感官刺激 | 回避感官刺激 |

# 第 4 章
# 用 ABA 方法开展学校影子老师支持服务

本章主题：开展学校影子老师支持服务时，如何运用 ABA 方法为特殊需要儿童提供支持。

# 1 学校影子老师支持服务的任务流程

## 反复循环的重要性

不仅是学校影子老师支持方案,所有运用 ABA 为孩子提供的支持服务,除非只是紧急干预,都应该在支持过程中反复循环地执行"评估→个别化教育计划(IEP)"流程,这才是一个完整的支持过程。

评估是指要明确孩子在什么样的环境中,有哪些学习/不学习的具体行为,行为的频率及强度如何,这些行为各自的功能是什么,等等。这些内容也是我们在提供支持之前需要掌握的重要信息,被称为基线。

在评估的基础上,要制订支持计划并汇总形成 IEP。然后,根据 IEP 为孩子提供支持服务。一段时间后,我们应该再度评估 IEP 执行的效果,并在此基础上分析所开展的支持是否妥当,如果有必要,我们要修改 IEP 和支持方式。

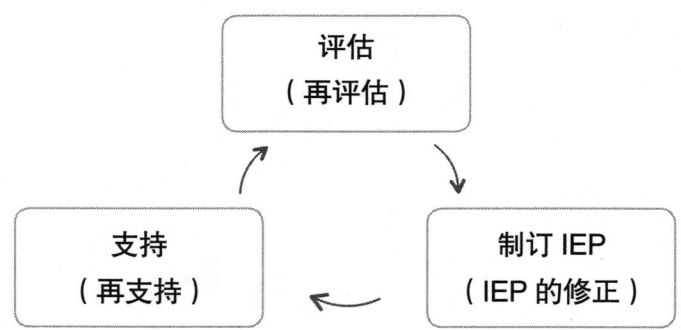

## 观察效果的周期可以略长些

学校影子老师支持工作开始后,有的可能一天就可以看到支持效果,但大多数通常需要两周或一个月,甚至更长的时间才能见效。因此,我们不要由于未能立竿见影就放弃,应该继续坚持两周或一个月,甚至更长时间,在较长的服务周期内观察支持效果。

## 2 支持的起点是了解——评估

### 基线信息

在学校影子老师支持工作开始之前，我们必须向老师和家长调查孩子的相关信息，并直接观察孩子的行为表现，掌握孩子的情况。

如果没有这个阶段，就无法明确学校影子老师支持工作的干预目标，在开始学校影子老师支持后，也没办法判断干预效果的进展程度。

### 评估的内容

- 孩子学习生活的环境是怎样的？
- 有哪些社会资源？
- 有哪些强化物和厌恶刺激？
- 孩子现在有哪些适当行为？
- 孩子当前的问题行为（学习方面、行为方面、交流方面、生活方面）有哪些？
- 这些问题行为的具体程度如何（发生频率、强度、持续时间、潜伏时间）？
- 这些问题行为的功能（意义/目的）是什么？

### 访谈及直接行为观察

评估有两个步骤。首先要从孩子本人或同学、班主任老师以及家人等处访问调查、获取信息。在本书中把这个步骤称作访谈。接下来，要直接观察孩子的行为，分析行为功能，测量行为发生频率及强度。在本书中把这个步骤称作直接行为观察。

关于访谈，如果你想要进一步地详细学习，可以参考罗伯特·E. 奥尼尔（Robert E.O'Neill）所著的《功能性行为评估及干预实用手册》。

## 访谈

首先，可以使用下页的访谈表，从班主任老师及家长那里获取孩子的基本情况和行为特征等相关信息，为提供支持做准备。

孩子进入小学中、高年级后，很多情况就算是班主任老师也不完全了解，因此有必要的话，也可以从同班同学那里获取信息。如果特殊需要儿童本人具有语言表达能力，也可以直接从他那里获取信息。

访谈是为了掌握孩子在怎样的环境中学习和生活、已经具有怎样的行为技能，以及他给周围人带来了哪些问题等。我们还可以同时使用学校技能确认表（第 153–154 页）确认孩子目前已经掌握了哪些行为。

在开展直接行为观察之前，我们需要就孩子有哪些技能、什么时候出现问题行为的可能性较大、他在怎样的情况下需要支持、如何通过提升孩子的技能改善问题行为等内容，先做出一个大致的假设，以便在直接行为观察时可以更有效率地做好评估。

尤其需要认真掌握的是，孩子目前可以展现哪些适当的行为，并且会产生哪些效果，这些对于减少孩子的问题行为、增加其适当行为是很有帮助的重要信息。

班主任老师、家长以及同学等人会从各自的立场出发，认为孩子有问题的地方或擅长的事情有可能不一样。因此，我们要从多种角度获取信息并做好假设。

# 访谈表

姓名：小杰　　出生日期：200X/8/18　　记录日期：8/14
　　　　　　　实际年龄：5岁　　　　　 记录人：行为分析师

诊断名：伴随轻度智力障碍的孤独症谱系障碍　　班主任老师：大松
医学问题：无 /⑨（曾有癫痫发作）　　服药：无 /⑨（早晚服用抗癫痫药物）
其他：无

【一周的主要作息】

|  | 周一 | 周二 | 周三 | 周四 | 周五 | 周六 | 周日 |
|---|---|---|---|---|---|---|---|
| 白天 | 幼儿园 | 幼儿园 | 幼儿园 | 幼儿园 | 幼儿园 | 体操训练班 | 外出 |
| 放学后 | 家庭干预 | 家庭干预 | 家庭干预 | 家庭干预 | 游泳 | 外出 | 居家休息 |

【饮食】　偏食：无 /⑨　　零食：无 /⑨　　过敏：无 /⑨（尘螨）

|  | 时间 | 内容 | 食量 | 在场人员 | 备注 |
|---|---|---|---|---|---|
| 早晨 | 7：45 | 面包、水果等 | 7成 | 妈妈、姐姐 | 吃得很慢 |
| 上午 | （无） |  |  |  |  |
| 中午 | 12：00 | 只吃喜欢的 | 8成 | （在幼儿园） | 用手抓着吃 |
| 下午 | 16：00 | 饼干和果汁 | 吃完 | 妈妈 | 还想吃 |
| 晚上 | 18：30 | 咖喱饭、肉饼等 | 6成 | 爸爸、妈妈、姐姐 | 不吃不喜欢的 |

【睡眠】　节奏：⑨安定/ 不安定　　有无午睡：无 /⑨

入眠时间：20：30~21：00 之间　　起床时间：6：45~7：15 之间

【目前在集体里的情况】

| 场景/状况 | 有无支持 | 其他 |
|---|---|---|
| 上学 | 和陪车老师一起坐校车上学 | 每次和妈妈分开时都哭 |
| 教室里 | 在下达集体指令后，再单独对孩子说一次 | 副班主任老师不时地单独向孩子发指令 |
| 休息时间 | （无） | 比较容易出问题 |
| 吃便当 | 会去捡掉在地上的东西，需要有人阻止 | 班主任老师时不时会阻止 |
| 收拾整理 | （无） | 比较容易出问题 |
| 放学 | 妈妈来幼儿园接他 | 一直想玩 |

## 【擅长 / 不擅长的领域】

|  | 擅长的领域 | 不擅长的领域 |
| --- | --- | --- |
| 手工 | 把纸捏成一团，用蜡笔画画 | 使用剪刀，使用糨糊，折纸 |
| 运动 | 跑，从高处往下跳 | 在平衡木上慢慢走 |
| 阅读理解 | （无） | （无） |
| 写字 | （无） | （无） |
| 口语 | 能用 2 个词的短句自发地表达要求 | 关注他人并回答问题 |
| 数学计算 | 能数到 3 | 4 以上数的学习 |
| 注意力的保持 | 进行愉快的活动时，可以维持 10 分钟 | 在集体中听老师的指令 |
| 生活自理 | 穿脱鞋，上厕所 | 洗手，保持衣着整洁，收拾整理 |

## 【支持资源 / 有效的介入方法】

|  | 现有的支持（有 / 无）与显示有效的干预方法 |
| --- | --- |
| 同学 | （无） |
| 老师 | 班主任或副班主任老师重复说几次指令，孩子能够听从 |
| 支援老师 | （无） |
| 工具 | 教室里贴有"早晨的准备"等视觉提示，但孩子不看 |

## 【过度行为】

| 行为 | 频率 / 强度 / 持续时间 / 潜伏时间 | 高发情况 / 在场人员 / 时间 |
| --- | --- | --- |
| 离座，在教室里玩玩具 | 坐下后，在 1 到 3 分钟之内离座 独自玩 20 分钟左右 | 老师给全班读绘本或讲话时 有生日聚会时 |
| 打小朋友 | 频率：1 天 5 次左右 强度：6/10（激烈等级） | 大家在教室里玩公用玩具时（主要是在男生群体里） |
| 大声哭 | 频率：1 周 3 次左右 强度：7~8/10 持续时间：10~30 分钟 | 上午较多，在游戏室进行集体活动、户外散步、雨天改为计划外的室内活动时 |

## 【缺乏行为】

| 行为 | 不做的情况 / 在场人员 / 时间 | 会做的情况 / 在场人员 / 时间 |
| --- | --- | --- |
| 早晨或放学时整理个人用品 | 早晨到了幼儿园之后，老师很少单独给孩子下指令，孩子就一直拿着书包站在教室里 | 班主任或副班主任老师发出把杯子从包里拿出来的指令或者直接帮忙，孩子才会整理物品 |
| 向小朋友借玩具时表达需求 | 在教室里，男生们一起玩喜欢的玩具车时 | 在校园的沙坑里使用铲子时或身边有老师时 |

## 【已掌握的交流行为的种类】

| 听到指令可以执行的接受性语言种类 | 玩具的名称 / "去厕所" / "洗手" / "过来" |
| --- | --- |
| 能够向他人表达的主动性语言种类 | 早晨的寒暄语 / 被叫名字时能应答 / 用一个词表达想要的东西 / 被问"××在吗？"时，回答"在" |
| 看到后能够理解的手势或图片 | 厕所的标志 / 贴在玩具箱子上的玩具分类卡 / 招手示意"过来" |

## 【强化物清单与强度顺序】

| 强度顺序 | 最喜欢 | 很喜欢 | 比较喜欢 | 一般喜欢 |
| --- | --- | --- | --- | --- |
| 喜欢的人的口头表扬 |  |  | 妈妈笑着表扬 | "真棒""对了""好厉害"等 |
| 喜欢的肢体接触 | 举高高，在成人手臂上荡秋千 | 咯吱腋下 | 和成人击掌 | 摸头，摸背 |
| 喜欢的活动或游戏 | 荡秋千 | 滑滑梯 | 玩水 | 玩沙 |
| 喜欢的玩具 | 橡皮泥 | 懒人沙发 | 大龙球 | 玩具车 |
| 喜欢的触感、颜色、光、声音 |  | 橡皮泥和大龙球的触感 | 水和沙流动的触感 | 音乐盒发出的声音 |
| 喜欢的食物 | 巧克力 | 果汁 | 饼干 | 话梅 |
| 喜欢的特权 |  |  | 第一个荡秋千 | 第一个滑滑梯 |
| 喜欢的贴纸、硬币 |  |  |  |  |

### 直接行为观察

通过广泛访谈获取孩子的信息后,要进行直接行为观察,以确认在实际的学习生活中,孩子的问题行为在怎样的情形之下,以怎样的程度出现(或不出现),具有怎样的功能。

### 评估场所

影子老师的工作环境是孩子学习生活的环境,如幼儿园或中小学,所以我们一定要去教室和校园里观察孩子是如何过集体生活的。

观察时,我们应该想办法不干扰孩子,不让他发现自己在被观察。因此在教室观察时,应该位于教室的最后面或走廊上;在校园里观察时,应该躲在树荫底下或在距离孩子稍远的地方。

在教室的最后面或走廊等不显眼的地方观察孩子的行为。

**直接行为观察至少要做 3 次**

直接行为观察不能只做 1 次，需要多次观察，直到我们对孩子的学习生活有了一定程度的了解，清楚孩子会表现出哪些问题行为，这些问题行为以怎样的程度（频率和强度等）出现，具有怎样的功能。

学校的每日安排可能会不一样，所以至少需要观察 3 天。

**观察时必要的工具**

- 直接行为观察记录表
- 写字板
- 笔记用品
- 计时器（无摁键音的）
- 计数器

### 小满妈妈（兵库县）

我儿子小满在上一年级的第一个学期时，我第一次去学校教室观察了他的行为。老师说："今天吃了早饭来的人举手。"我儿子就突然从座位上站起来，开始原地蹦跳。看到儿子的这个行为表现，我一下子全身冰冷。

第二天，同样是在老师对全班说话时，我儿子又这样站起来，边跳边怪叫。

我去找行为分析师咨询，他问我："小满跳了多长时间？"我回答："大概 30 秒到 1 分钟左右。"行为分析师建议说："下一次要用计时器精准地计时。"

我在随后的观察中就使用了一个计时器，计时结果显示实际上我儿子最多只跳了 5~10 秒。

这让我体会到，当孩子的问题行为出现时，旁边看到的人可能会产生持续时间很长的错觉，个人感觉比实际情况要糟糕。

## 观察过度行为

我们可以使用直接行为观察表确认以下几个项目（参考第 62 页）。

1. ABC 分析：直接观察孩子的行为，进行 ABC 分析

A：行为是在怎样的情形下出现的，是由什么事情引起的。
B：具体是怎样的行为。
C：行为的后果，它导致环境出现了怎样的变化。

2. 动因操作分析

除了 ABC 分析之外，要了解一个行为在什么情况下更容易出现或者更不容易出现，我们还要掌握动因操作的信息。所谓动因操作，是指控制哪些条件可以使强化物或厌恶刺激的效力提高或下降。

如孩子在空腹时，他在午饭时间自发地将便当盒拿出来放在桌上的行为可能更容易出现；孩子在感冒头疼时，一些音乐、铃声、其他小朋友发出的声音、噪音等就更易成为厌恶刺激，因而他逃离课堂的行为会更容易出现。孩子的睡眠状况、空腹、身体状态、天气以及噪音等，都可能是提高或降低强化物和厌恶刺激效力的因素，需要我们了解。

3. 行为的测量

行为出现的程度如何？我们需要客观地掌握行为的本质和数量，才能更明确地看到支持前后的行为改变。行为的类型不同，测量方法也不同。可以使用一种测量方法，也可以通过多个方法的组合进行测量。

---

### 行为的测量方法

**频率**：一定时间内该行为出现了多少次。
例如：算术课中（40 分钟）离座的次数。

**强度**：行为表现得有多强烈（如 1–5 等级评价）
例如：语文课上大声喊叫的程度。

**持续时间**：一个行为出现后会持续多长时间。
例如：收拾书包时出现的哭闹行为从开始到结束的时长。

**潜伏时间**：在能够引发行为的情况下，经过多长时间后行为会出现。
例如：卷子发下来后到哭闹行为开始的时长。

**观察缺乏行为**

1. 行为在什么情况下很难出现,以及它出现时的具体情况

观察缺乏行为,我们需要获取以下 4 个信息。

- 什么情况下这个行为很难出现。

- 这个行为的替代行为是什么。

- 这个行为偶尔出现一次的具体情形是怎样的,行为后果是什么。

- 孩子目前掌握的技能库中是否有与这个行为类似的技能。

2. 动因操作分析

这个行为在怎样的情况下很难出现,很难得到强化。反过来,它在怎样的情况下容易出现,更容易得到强化。观察在场人物、环境中的噪音、身体状态、季节气候、特定时间段等因素是否给强化物或厌恶刺激的效力带来了影响。

3. 行为的测量

行为出现的程度是怎样的。与过度行为的测量一样,我们需要测量行为的频率、强度、持续时间和潜伏时间。

### 小安妈妈(神奈川县)

我自己平时就很喜欢做记录或使用表格计算软件做些总结等。所以,我对记录儿子在小学里的行为很有兴趣。

但记录时有一个难点。那就是我如何才能正确判断他上课时的行为是不在状态(不听讲、不做作业,而是做自我刺激行为或者发呆)还是进入状态(跟随老师听讲、做作业)呢?我该从儿子的哪些行为来判断他是否在状态呢?如果这一点不明确,我也就没办法做记录了。于是,我确定了判断标准,例如,在他盯着老师的脸看 15 秒钟以上、做卷子、读书、操作教具时,我都记作"进入状态"。

## 直接行为观察表

姓名：小杰
观察日期：6/18，6/20，6/25，6/30
观察者：母亲 / 行为分析师
观察场所：幼儿园的教室及校园

【过度行为】

打小朋友

① ABC 分析

| A | B | C | 功能 |
| --- | --- | --- | --- |
| 在教室里，3~6 个男生正在玩玩具车，旁边一位孩子拿起玩具车开始玩 | 小杰击打拿着玩具车男生的胳膊、肩膀和后背 | 被打的男生哭了，并放开了手里拿着的玩具车，小杰拿到了那辆车 | 得到物品 |

②动因操作：较易出现的情况／不易出现的情况、任务、活动、在场人员、时间等

在校园里不易出现／在教室里玩玩具车时频繁出现／在下雨天时容易出现

③行为的测量：频率、强度、持续时间、潜伏时间

| 第1天 | 第2天 | 第3天 | 第4天 |
| --- | --- | --- | --- |
| 频率：3次／天 强度：6/10 | 频率：4次／天 强度：7/10 | 频率：5次／天 强度：6/10 | 频率：4次／天 强度：6/10 |

【适当行为：当前技能库中已掌握的适当行为】

当成人说出孩子想要的玩具的名称时，孩子可以用这个名称做回应。
例如：问："要车吗？"→回应："车"

【目前的支持方法与效果】

当小杰打小朋友时，如果老师在场，就会马上斥责道："不能打人！"但行为并未得到改善。
当老师看小杰想要玩具时，会对他说："小杰，你应该对小朋友说什么呢？"但是小杰并没有说"车"或"给我"之类的话。

# 3 制订个别化教育计划（IEP）

学校影子老师应以评估为基础制订支持计划，即 IEP。

## 确定支持的优先顺序和目标行为

### "这也想做，那也想做"的方案只会起反作用

制订 IEP 的目的是让孩子在集体生活中学习新技能，并减少问题行为。如果孩子的问题行为太多，那我们不要把多个问题行为同时作为矫正目标，而是要按照下面的分类安排优先顺序。如果没有第一项列出的具有危险性的行为，那么就应该将具有破坏性的行为作为最优先干预的目标。

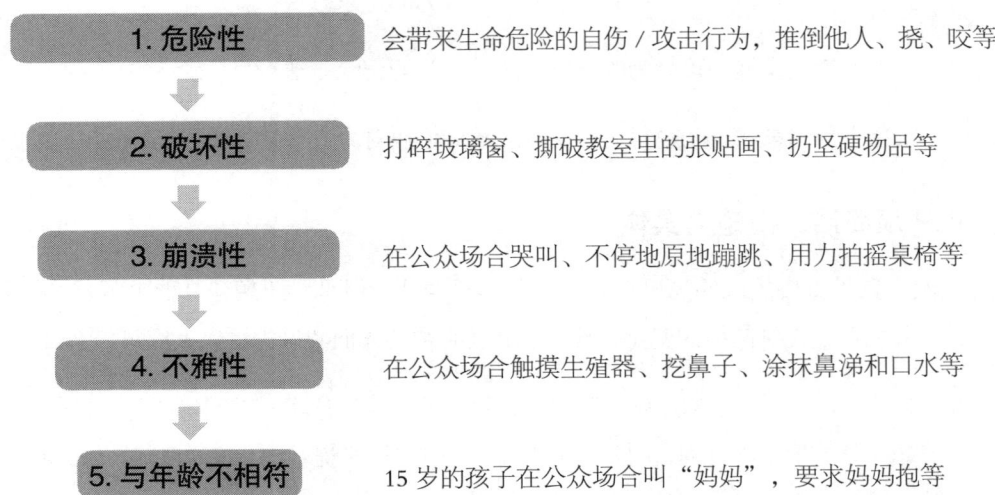

### 考虑不同行为领域之间的相互联系，合理地制订计划

在选取目标行为时，可以参考第 1 章中列出的"孩子表现出的困难"表格，应该注意各方面的平衡，需要考虑不同行为领域之间的相互联系，设计出更为合理的教育计划。

例如，如果只专注于提高孩子的学业能力，往往在交流方面的技能教学就可能会懈怠，因此要避免制订这样的有明显偏向的计划。

## IEP 的制订方法

首先要以评估为基础,掌握孩子存在哪些问题行为,弄清这些行为具有怎样的功能,可以参考第 72-92 页关于过度行为和缺乏行为的内容。

### IEP 的主要项目及其内容

- 孩子的基础信息:姓名 / 年龄 / 出生日期 / 需要特别注明的医学或生理学问题等

- 幼儿园 / 学校的信息:班主任老师的姓名 / 班级人数 / 最需要支持的环境条件等

- 强化物清单(按强度顺序排列)

- 学年目标:一年之后希望孩子具有的进步表现 / 行为

- 学期目标:2~3 个月(或者一学期)之内需要掌握的行为目标

- 过度行为以及减少该行为的支持方法、行为的记录方法

- 缺乏行为以及增加该行为的支持方法、行为的记录方法

- 紧急干预的策略:问题行为出现时应该如何应对

### IEP 须简洁、清楚而具体

虽然与孩子直接接触的是班主任老师和影子老师,但是,要想让其他老师都能够共享信息,并为孩子提供同样的支持,那么 IEP 就必须具体而明确告诉大家应该怎么做。

IEP 中不要写"与小朋友好好玩"或"认真上语文课"这类不够明确的行为描述,而应该写清楚具体的情况和行为,例如,在沙坑玩耍时对同学提要求,说"把玩具借给我",当同学给了之后,说"谢谢";文字书写笔顺要正确,要写在格子内,写 50 个字等。

### 共享 IEP 信息

影子老师进行评估,并主导制订 IEP。

制订好的 IEP,除了影子老师之外,还要在班主任老师和辅课老师及其他辅助老师、保健老师、校长等和孩子有关联的所有人员之间共享,并统一开展支持,从而取得更好的效果。如果可能的话,制订好 IEP 之后,应该在校内召开 IEP 会议,由班主任老师及辅课老师、校长等人,与影子老师一起讨论 IEP,并定期传递信息,以确保统一地开展支持。

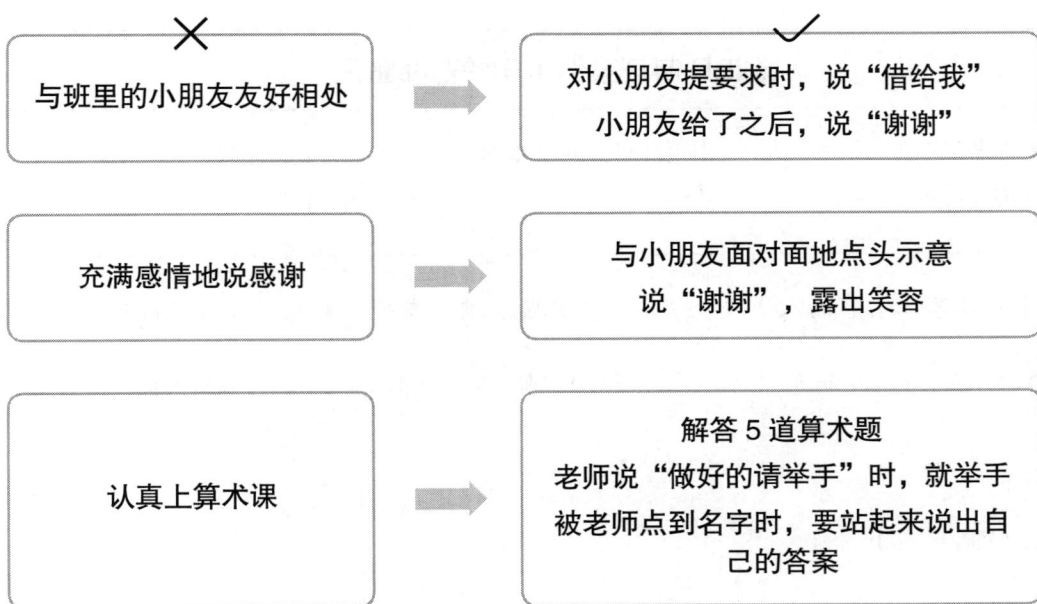

## IEP 会议上的讨论事项

· 孩子目前的状态以及障碍和困难的特征。

· 孩子目前已具备的适当行为的种类。

· 孩子的问题行为及其程度和功能。

· 目标行为及其支持方法。

· 开展学校影子老师支持工作的目的。

· 班主任老师、辅课老师以及其他辅助老师与影子老师在支持工作中的职责分工。

### 小依妈妈（兵库县）

我女儿小依在上小学 2 年级时，我向学校提出希望实施学校影子老师支持计划。当时我要和校方进行面谈，感觉特别紧张。面谈的前一天晚上，我很担心，怎么也睡不着，不知道学校老师将会怎么看待家长和行为分析师进入教室。面谈的当天，我向班主任老师询问了他们在接触我女儿小依时感觉到的难点及困惑，并向老师说明了影子老师将会如何具体地运用哪些方法来与小依接触，结果老师很感兴趣，对我说"那就试试吧！"

## IEP 制订案例（学龄前儿童用）

| | | |
|---|---|---|
| 姓名：小季 | 出生日期：200X/2/20 | 制订者：母亲、行为分析师 |
| 班级：蒲公英班 | 年龄：3 岁 2 个月 | 制订日期：4/28 |

【可共享本 IEP 的人】校长 / 班主任老师 / 辅课老师 / 家长 / 行为分析师

**影子老师**：行为分析师　　　**班主任老师**：铃木老师　　　**班级人数**：25 人

【特别事项】

医学问题：过敏性鼻炎

服药：早 / 晚服用抗过敏药物

其他：・对噪音过度敏感，会全身僵硬，然后开始大声哭泣
　　　・对尘螨过敏，有时会揉眼睛和鼻子，揉到鼻子出血

【需要考虑的环境因素】

・扬声器的大音量会引起恐慌，有必要提前告知和调整环境
・孩子恐慌时，可带离去安静的场所，等待其停止哭泣

【喜欢的物品 / 人 / 活动（能成为强化物的）】

来自成人的关注 / 语言表扬 "真厉害" / 挠痒痒 / 抱抱 / 零食时间
动物的绘本 / 玩水 / 玻璃球 / 被妈妈抱

【学年目标】

| 集体里的生活常规 | ·遵守幼儿园生活的基本常规（放好书包/换衣服/上厕所等）<br>·在老师下达集体指令后，能够遵从并执行单独给予其的个别化指令<br>·排队等待 |
| --- | --- |
| 语言/交流 | ·能够将已经在家里掌握并使用的含有 2~3 个词的提要求短句用于和幼儿园的班主任老师和同学的交流中<br>·能够对同学的要求做出回应 |
| 游戏 | ·能够与多位同学一起玩过家家或模拟游戏，并可以持续一定的时间<br>·增加在校园里参与的游戏种类（荡秋千、玩沙坑、玩球等）<br>·能够根据指令中断正在进行中的、喜欢的游戏 |
| 学业 | ·在绘画、手工课上，能够参加 5 分钟的学习活动<br>·在老师读绘本时，能够坐在座位上听 5~10 分钟 |

【学期目标】

| 集体里的生活常规 | ·到校后，能够自己脱鞋并放入自己的鞋箱，然后换上教室里穿的鞋<br>·能够从自己的书包里拿出家校联络本和杯子，放到指定位置<br>·能够将书包和上衣放进自己的柜子<br>·除了下雨天，平时可以自己换上户外用鞋，离开教室并参与户外活动 |
| --- | --- |
| 语言/交流 | ·能够针对物品提出要求，如要求玩具或水的时候说"我要××"<br>·能够针对活动或关注提出要求，如说"抱抱""老师来"，或向班主任老师要求做某项活动<br>·能够使用玩具，平行地与小朋友玩同样的游戏，并持续一段时间 |
| 游戏 | ·能够参与 3 个人的模拟游戏，持续 10 分钟，在索要他人玩具时能够说"请"和"谢谢"<br>·能够参与集体性的捡收物品的游戏，将校园里散放的彩球全部捡起放入盒子中 |
| 学业 | ·学会用剪刀剪 10cm 的直线<br>·学会撕碎彩纸，并用胶水粘贴在纸板上<br>·在老师开始读绘本时，能够坐在最前面 |

【过度行为的应对策略】

行为：当没有人关注时，孩子会向附近的同学扔东西

功能：获取来自成人的关注（因强化物出现而带来的强化）

目标行为：

① 替代行为：在无人关注时，可以去老师那里，说"抱抱"或"老师来"

② 适当行为：向同学提出要求，索要别人正在玩的玩具

　　　　　　模仿同学的玩法（如跟着同学在沙坑上挖洞）

| A：行为即将出现时的情况 | C：行为发生后紧接着出现的后果 |
|---|---|
| **引导替代行为的方法**<br>・轻按一下孩子的身体，让他去老师身边<br>・示范说"抱抱""老师来"，让孩子模仿 | **维持替代行为的方法**<br>・当孩子说了"抱抱""老师来"后，老师应马上给予关注，抱抱孩子或口头表扬 |
| **引导适当行为的方法**<br>・示范如何向同学提要求索要其正在用的玩具，说"给我"，让孩子模仿<br>・一边说"这样做"，一边轻推孩子的肢体，引导他模仿同学的动作 | **维持适当行为的方法**<br>・当孩子与同学共享玩具时，当他做出与同学一样的游戏举动时，当他没扔东西而是与同学一起玩时，大人应该给予关注，并说"真棒！"<br>・轻轻抱孩子 |

【行为的测量方法】

频率：向同学扔东西的次数

## IEP 制订案例（学龄儿童用）

姓名：小健　　　　　出生日期：200X/5/18　　　制订者：母亲、行为分析师
班级：一年级 3 班　　年龄：6 岁 11 个月　　　　制订日期：5/10

【可以共享本 IEP 的人】校长 / 年级主任 / 班主任老师 / 家长 / 行为分析师

影子老师：母亲 / 行为分析师　　　班主任老师：滕老师　　　班级人数：35 人

【特别事项】

医学问题：同时诊断有注意力缺陷多动障碍 / 睡眠不稳定，夜里会起来 1~2 次
服药：无
其他：睡眠时间不足时注意力容易分散，且未经允许的离座次数增加

【需要考虑的环境因素】

- 在没有明确任务时会离座或发出怪声
- 任务难度大或量多时会离座
- 座位在窗边或靠近走廊时，注意力容易分散或离座
- 无法听从集体指令，需要单独给予指令
- 能够关注视觉辅助教材

【喜欢的物品 / 人 / 活动（能成为强化物的）】

动漫人物贴纸 / 放学后的体操培训课 / 老师的表扬 / 拍手 / 关注 / 小红花
电视或电脑游戏 / 去校长办公室 / 买零食 / 收集卡片

【学年目标】

| | |
|---|---|
| 集体里的生活常规 | ・遵守小学生活必要的常规（整理个人物品／管理自己的作业和物品／课前的准备／上课／在校吃午饭／卫生事项）<br>・能够根据铃声或其他信号坐回自己的座位或转换活动教室<br>・在走廊及楼梯上保持缓步有序行走 |
| 语言／交流 | ・在上课期间，需要离座时先征得老师的许可<br>・可以与同学进行简单的寒暄或对话<br>・在休息时间，可以与同学玩有规则的游戏 |
| 游戏 | ・使用视觉辅助的教材，参加语文课和算术课的学习<br>・能够完成习题和作业 |
| 学业 | ・在休息时间，可以独立开展自己喜欢的活动<br>・乐于遵守班级集体活动的规则 |

【学期目标】

| | |
|---|---|
| 集体里的生活常规 | ・从书包里拿出教科书及笔记本，放到课桌上<br>・将自己的作业本放到讲台前的作业收取篮中<br>・上课铃响后，能在 30 秒内回到自己的座位上 |
| 语言／交流 | ・要离座之前先举手征得老师的同意，说"我可以去××吗？"<br>・早上进入教室时，与同学打招呼说"早上好！"<br>・课间休息时，能在校园里玩 5 分钟的足球游戏 |
| 游戏 | ・对于知道答案的问题，应老师要求举手，被点名之后可以起立说出自己的答案<br>・能将老师的板书认真地抄到自己的笔记本上<br>・上课时发下的课堂卷子可以完成至少一半 |
| 学业 | ・课间休息时，可以从班里的书架上选取自己喜欢的书阅读，或做涂色活动<br>・理解老鹰抓小鸡或丢沙包的游戏规则，并可以参与游戏活动 5 分钟 |

【过度行为的应对策略】

行为：当学习任务太难或数量太多时，大叫并离座

功能：逃避学习任务（因厌恶刺激消失而带来的强化）

目标行为：

① 替代行为：向老师口头求助"这个太难／太多，老师帮帮我"

② 适当行为：不离座，在一定时间内做任务

| A：行为即将出现时的情况 | C：行为发生后紧接着出现的后果 |
|---|---|
| 引导替代行为的方法<br>・事前和孩子约定：如果任务太难就要问老师<br>・问题行为即将出现时提示孩子"你应该说什么？" | 维持替代行为的方法<br>・孩子发出求助的请求后，班主任老师马上表扬"你问得真好"<br>・告诉孩子问题的答案或给予提示 |
| 引导适当行为的方法<br>・少量地、一点一点地布置学习任务<br>・帮助孩子确定完成任务的顺序<br>・与孩子一起决定做到哪道题为止<br>・与孩子约定在做完任务后的休息时间可以做些什么 | 维持适当行为的方法<br>・对做学习任务的行为给予语言、社会性表扬（口头表扬、拍手、小红花等）<br>・允许孩子按照事先约定的方式安排自己的休息时间 |

【行为的测量方法】

频率与持续时间：学习任务较难时离座的次数，以及坐在座位上的时间

# 4 支持1：缺乏行为

我们制订好 IEP 之后，就要准备执行影子老师支持方案。

最初，应该由影子老师支持方案的执行者全面地为孩子提供支持，改善孩子的问题行为，增加他的适当行为。老师和同学应观察影子老师支持方案执行者的做法，而后者要将逐步减少自己与孩子的接触作为目标。

## 增加适当行为

缺乏行为是指孩子当前尚未掌握的、在特定的环境中又很需要的技能，我们要想办法帮助孩子在相应环境中学习到这些。

我们可以根据下面的 ABC 分析，调整孩子所在的环境，让目标行为更易出现，一旦目标行为出现，马上进行强化，帮助孩子体验到这样做能带来的好处。

| | | 方法 |
|---|---|---|
| A 调整（行为出现之前的情况） | 1. 环境调整 | 在怎样的情形下目标行为更容易出现 |
| | 2. 辅助 | 需要给予怎样的帮助，目标行为更容易出现 |
| B 建立（行为） | 3. 塑造 | 孩子已有的技能库是怎样的。与目标行为比较接近的行为是什么 |
| C 调整（行为发生后紧接着出现的后果） | 4. 任务分解和行为串链 | 目标行为由哪些步骤构成 |
| | 5. 强化 | 哪些后果才能让目标行为稳定并持续 |

| 书号 | 书名 | 作者 | 定价 |
|---|---|---|---|
| | **经典教材\|学术专著** | | |
| *0488 | 应用行为分析（第3版） | [美]John O. Cooper 等 | 498.00 |
| *0470 | 特殊教育和融合教育中的评估（第13版） | [美]John Salvia 等 | 168.00 |
| *0464 | 多重障碍学生教育：理论与方法 | 盛永进 | 69.00 |
| 9707 | 行为原理（第7版） | [美]Richard W. Malott 等 | 168.00 |
| *0449 | 课程本位测量实践指南（第2版） | [美]Michelle K. Hosp 等 | 88.00 |
| *9715 | 中国特殊教育发展报告（2014-2016） | 杨希洁、冯雅静、彭霞光 | 59.00 |
| *8202 | 特殊教育辞典（第3版） | 朴永馨 | 59.00 |
| 0802 | 特殊教育和行为科学中的单一被试设计（第3版） | [美]David Gast | 168.00 |
| 0490 | 教育和社区环境中的单一被试设计 | [美]Robert E.O'Neill 等 | 68.00 |
| 0127 | 教育研究中的单一被试设计 | [美]Craig Kenndy | 88.00 |
| *8736 | 扩大和替代沟通（第4版） | [美]David R. Beukelman 等 | 168.00 |
| 0643 | 行为分析师执业伦理与规范（第4版） | [美]Jon S. Bailey 等 | 98.00 |
| 0770 | 优秀行为分析师必备25项技能（第2版） | [美]Jon S.Bailey 等 | 78.00 |
| *8745 | 特殊儿童心理评估（第2版） | 韦小满、蔡雅娟 | 58.00 |
| 0433 | 培智学校康复训练评估与教学 | 孙颖、陆莎、王善峰 | 88.00 |
| | **社交技能** | | |
| 0758 | 孤独症儿童社交、语言和行为早期干预家庭游戏PLAY模式 | [美]Richard Solomon | 128.00 |
| 0703 | 直击孤独症儿童的核心挑战：JASPER模式 | [美]Connie Kasari 等 | 98.00 |
| *0468 | 孤独症人士社交技能评估与训练课程 | [美]Mitchell Taubman 等 | 68.00 |
| *0575 | 情绪四色区：18节自我调节和情绪控制能力培养课 | [美]Leah M.Kuypers | 88.00 |
| *0463 | 孤独症及相关障碍儿童社会情绪课程 | 钟卜金、王德玉、黄丹 | 78.00 |
| *9500 | 社交故事新编(十五周年增订纪念版) | [美]Carol Gray | 59.00 |
| *0151 | 相处的密码：写给孤独症孩子的家长、老师和医生的社交故事 | | 28.00 |
| *9941 | 社交行为和自我管理：给青少年和成人的5级量表 | [美]Kari Dunn Buron 等 | 36.00 |
| *9943 | 不要！不要！不要超过5！：青少年社交行为指南 | | 28.00 |
| *9942 | 神奇的5级量表：提高孩子的社交情绪能力（第2版） | | 48.00 |
| *9944 | 焦虑，变小！变小！（第2版） | | 36.00 |
| *9537 | 用火车学对话：提高对话技能的视觉策略 | [美] Joel Shaul | 36.00 |
| *9538 | 用颜色学沟通：找到共同话题的视觉策略 | | 42.00 |
| *9539 | 用电脑学社交：提高社交技能的视觉策略 | | 39.00 |
| *0176 | 图说社交技能（儿童版） | [美]Jed E.Baker | 88.00 |
| *0175 | 图说社交技能（青少年及成人版） | | 88.00 |
| *0204 | 社交技能培训手册：70节沟通和情绪管理训练课 | | 68.00 |
| *0150 | 看图学社交：帮助有社交问题的儿童掌握社交技能 | 徐磊 等 | 88.00 |

| 书号 | 书名 | 作者 | 定价 |
| --- | --- | --- | --- |
| 孤独症入门 | | | |
| *0137 | 孤独症谱系障碍：家长及专业人员指南 | [英]Lorna Wing | 59.00 |
| *9879 | 阿斯伯格综合征完全指南 | [英]Tony Attwood | 78.00 |
| *9081 | 孤独症和相关沟通障碍儿童治疗与教育 | [美]Gary B. Mesibov | 49.00 |
| 0916 | 三步解决学生问题行为 | [日]大久保贤一 | 49.00 |
| 0831 | 问题行为应对实战图解 | [日]井泽信三 | 39.00 |
| 0713 | 融合幼儿园教师实战图解 | [日]永富大铺 等 | 49.00 |
| *0157 | 影子老师实战指南 | [日]吉野智富美 | 49.00 |
| *0014 | 早期密集训练实战图解 | [日]藤坂龙司 等 | 49.00 |
| *0116 | 成人安置机构ABA实战指南 | [日]村本净司 | 49.00 |
| *0510 | 家庭干预实战指南 | [日]上村裕章 等 | 49.00 |
| *0107 | 孤独症孩子希望你知道的十件事（第3版） | [美]Ellen Notbohm | 49.00 |
| *9202 | 应用行为分析入门手册（第2版） | [美]Albert J. Kearney | 39.00 |
| *0356 | 应用行为分析和儿童行为管理（第2版） | 郭延庆 | 88.00 |
| 新书预告 | | | |
| 时间 | 书名 | 作者 | 估价 |
| 2025.06 | 与ADHD共处（成人篇） | [日]司马理英子 | 59.00 |
| 2025.06 | 与ADHD共处（女性篇） | [日]司马理英子 | 59.00 |
| 2025.07 | 孤独症学生的融合教育策略 | [美]Barbara Boroson | 59.00 |
| 2025.07 | 融合教育理念与实践 | [美]Lee Ann Jung）等 | 49.00 |
| 2025.07 | 融合教育学科教学策略：直接教学 | [美]Anita L. Archer 等 | 88.00 |
| 2025.07 | 融合环境中的教师协作 | [美]Heather Friziellie 等 | 49.00 |
| 2025.08 | 儿童行为管理中的罚时出局 | [德]Corey C. Lieneman | 39.00 |
| 2025.08 | 重掌失控人生:注意缺陷多动障碍成人自救手册 | [美]Russell A. Barkley | 88.00 |
| 2025.08 | 学习困难学生的阅读理解教学（第3版） | [美]Sharon Vaughn 等 | 78.00 |
| 2025.10 | 沟通障碍导论（第7版） | [美]Robert E. Owens 等 | 198.0 |
| 2025.12 | 家有挑食宝贝：行为分析帮助家长解决挑食难题 | [美]Keith E. Williams | 59.00 |
| 2025.12 | 融合学校干预反应模式实践手册 | [美]Austin Buffum | 78.00 |

关注华夏特教，获取新书资讯！

| 书号 | 书名 | 作者 | 定价 |
|---|---|---|---|
| \multicolumn{4}{c}{教养宝典} | | | |
| 0868 | 积极行为支持教养手册：解决孩子的挑战性行为（第2版） | [美]Meme Hieneman 等 | 78.00 |
| 0846 | 做不吼不叫的父母：儿童教养的105个秘诀 | 林煜涵 | 49.00 |
| *0829 | 早期干预丹佛模式辅导与培训家长用书 | [美]Sally J. Rogers 等 | 98.00 |
| *8607 | 孤独症儿童早期干预丹佛模式（ESDM） | [美]Sally J.Rogers 等 | 78.00 |
| *0461 | 孤独症儿童早期干预准备行为训练指导 | 朱璟、邓晓蕾等 | 49.00 |
| *0748 | 孤独症儿童早期干预：从沟通开始 | [英]Phil Christie 等 | 49.00 |
| *0119 | 孤独症育儿百科：1001个教学养育妙招（第2版） | [美]Ellen Notbohm | 88.00 |
| *0511 | 孤独症谱系障碍儿童关键反应训练掌中宝 | [美]Robert Koegel 等 | 49.00 |
| 9852 | 孤独症儿童行为管理策略及行为治疗课程 | [美]Ron Leaf 等 | 68.00 |
| *9496 | 地板时光：如何帮助孤独症及相关障碍儿童沟通与思考 | [美]Stanley I. Greensp 等 | 68.00 |
| *9348 | 特殊需要儿童的地板时光：如何促进儿童的智力和情绪发展 | | 69.00 |
| *9964 | 语言行为方法：如何教育孤独症及相关障碍儿童 | [美]Mary Barbera 等 | 49.00 |
| *0419 | 逆风起航：新手家长养育指南 | [美]Mary Barbera | 78.00 |
| 9678 | 解决问题行为的视觉策略 | [美]Linda A. Hodgdon | 68.00 |
| 9681 | 促进沟通技能的视觉策略 | | 59.00 |
| 9991 | 做看听说（第2版）：孤独症谱系障碍人士社交和沟通能力 | [美]Kathleen Ann Quill 等 | 98.00 |
| *9489 | 孤独症儿童的行为教学 | 刘昊 | 49.00 |
| *8958 | 孤独症儿童游戏与想象力（第2版） | [美]Pamela Wolfberg | 59.00 |
| *0293 | 孤独症儿童同伴游戏干预指南：以整合性游戏团体模式促进 | | 88.00 |
| 9324 | 功能性行为评估及干预实用手册（第3版） | [美]Robert E. O'Neill 等 | 49.00 |
| *0170 | 孤独症谱系障碍儿童视频示范实用指南 | [美]Sarah Murray 等 | 49.00 |
| *0177 | 孤独症谱系障碍儿童焦虑管理实用指南 | [美]Christopher Lynch | 49.00 |
| 8936 | 发育障碍儿童诊断与训练指导 | [日]柚木馥、白崎研司 | 28.00 |
| *0005 | 结构化教学的应用 | 于丹 | 69.00 |
| *0149 | 孤独症儿童关键反应教学法（CPRT） | [美]Aubyn C. Stahmer 等 | 59.80 |
| *0402 | 孤独症及注意障碍人士执行功能提高手册 | [美]Adel Najdowski | 48.00 |
| *0167 | 功能分析应用指南：从业人员培训指导手册 | [美]James T. Chok 等 | 68.00 |
| \multicolumn{4}{c}{生活技能} | | | |
| *0673 | 学会自理：教会特殊需要儿童日常生活技能（第4版） | [美] Bruce L. Baker 等 | 88.00 |
| *0130 | 孤独症和相关障碍儿童如厕训练指南（第2版） | [美]Maria Wheeler | 49.00 |
| *9463/66 | 发展性障碍儿童性教育教案集/配套练习册 | [美] Glenn S. Quint 等 | 71.00 |
| *9464/65 | 身体功能障碍儿童性教育教案集/配套练习册 | | 103.00 |
| *0512 | 孤独症谱系障碍儿童睡眠问题实用指南 | [美]Terry Katz 等 | 59.00 |
| *05476 | 特殊儿童安全技能发展指南 | [美]Freda Briggs | 59.00 |
| *8743 | 智能障碍儿童性教育指南 | [美]Terri Couwenhoven | 68.00 |
| *0206 | 迎接我的青春期：发育障碍男孩成长手册 | | 29.00 |
| *0205 | 迎接我的青春期：发育障碍女孩成长手册 | | 29.00 |
| *0363 | 孤独症谱系障碍儿童独立自主行为养成手册（第2版） | [美]Lynn E.McClannahan 等 | 49.00 |

| 书号 | 书名 | 作者 | 定价 |
|---|---|---|---|
| | **转衔\|职场** | | |
| *0462 | 孤独症谱系障碍者未来安置探寻 | 肖扬 | 69.00 |
| *0296 | 长大成人:孤独症谱系人士转衔指南 | [加]Katharina Manassis | 59.00 |
| *0528 | 走进职场:阿斯伯格综合征人士求职和就业指南 | [美]Gail Hawkins | 69.00 |
| *0299 | 职场潜规则:孤独症及相关障碍人士职场社交指南 | [美]Brenda Smith Myles 等 | 49.00 |
| *0301 | 我也可以工作!青少年自信沟通手册 | [美]Kirt Manecke | 39.00 |
| *0380 | 了解你,理解我:阿斯伯格青少年和成人社会生活实用指南 | [美]Nancy J. Patrick | 59.00 |
| | **与星同行** | | |
| 0819 | 与 ADHD 共处 | [日]司马理英子 | 59.80 |
| 0732 | 来我的世界转一转:漫话 ASD、ADHD | [日]岩濑利郎 | 59.00 |
| 0828 | 面具下的她们:ASD 女性的自白(第 2 版) | [英]Sarah Hendrickx 等 | 59.80 |
| *0818 | 看见她们:ADHD 女性的困境 | [瑞典]Lotta Borg Skoglund | 49.00 |
| 0614 | 这就是孤独症:事实、数据和道听途说 | 黎文生 | 49.90 |
| *0428 | 我很特别,这其实很酷! | [英]Luke Jackson | 39.00 |
| *0302 | 孤独的高跟鞋:PUA、厌食症、孤独症和我 | [美]Jennifer O'Toole | 49.90 |
| *0408 | 我心看世界(第 5 版) | [美]Temple Grandin 等 | 59.00 |
| *7741 | 用图像思考:与孤独症共生 | | 39.00 |
| *9800 | 社交潜规则(第 2 版):以孤独症视角解读社交奥秘 | | 68.00 |
| 0722 | 孤独症大脑:对孤独症谱系的思考 | | 49.90 |
| *0109 | 红皮小怪:教会孩子管理愤怒情绪 | [英]K.I.Al-Ghani 等 | 36.00 |
| *0108 | 恐慌巨龙:教会孩子管理焦虑情绪 | | 42.00 |
| *0110 | 失望魔龙:教会孩子管理失望情绪 | | 48.00 |
| *9481 | 喵星人都有阿斯伯格综合征 | [澳]Kathy Hoopmann | 38.00 |
| *9478 | 汪星人都有多动症 | | 38.00 |
| *9479 | 喳星人都有焦虑症 | | 38.00 |
| 9002 | 我的孤独症朋友 | [美]Beverly Bishop 等 | 30.00 |
| *9000 | 多多的鲸鱼 | [美]Paula Kluth 等 | 30.00 |
| *9001 | 不一样也没关系 | [美]Clay Morton 等 | 30.00 |
| *9003 | 本色王子 | [德]Silke Schnee 等 | 32.00 |
| 9004 | 看!我的条纹:爱上全部的自己 | [美]Shaina Rudolph 等 | 36.00 |
| *0692 | 男孩肖恩:走出孤独症 | [美]Judy Barron 等 | 59.00 |
| 8297 | 虚构的孤独者:孤独症其人其事 | [美]Douglas Biklen | 49.00 |
| 9227 | 让我听见你的声音:一个家庭战胜孤独症的故事 | [美]Catherine Maurice | 39.00 |
| 8762 | 养育星儿四十年 | [美]蔡张美铃、蔡逸周 | 36.00 |
| *8512 | 蜗牛不放弃:中国孤独症群落生活故事 | 张雁 | 28.00 |
| 0697 | 与自闭症儿子同行 1:原汁原味的育儿 | [日]明石洋子 | 49.00 |
| 0845 | 与自闭症儿子同行 2:通往自立之路 | [日]明石洋子 | 49.00 |
| 7218 | 与自闭症儿子同行 3:为了工作,加油! | [日]明石洋子 | 49.00 |

# 华夏特教系列丛书

| 书号 | 书名 | 作者 | 定价 |
| --- | --- | --- | --- |
| | 融合教育 | | |
| *0561 | 孤独症学生融合学校环境创设与教学规划 | [美]Ron Leaf 等 | 68.00 |
| 0771 | 融合教育学校校长手册 | [美]Julie Causton 等 | 59.00 |
| 0652 | 融合教育教师手册 | | 69.00 |
| 0709 | 融合教育助理教师手册（第2版） | | 69.00 |
| 0801 | 特殊需要学生的融合教育支持 | [美]Toby Karten | 49.00 |
| *9228 | 融合学校问题行为解决手册 | [美]Beth Aune | 30.00 |
| *9318 | 融合教室问题行为解决手册 | | 36.00 |
| *9319 | 日常生活问题行为解决手册 | | 39.00 |
| 0686 | 孤独症儿童融合教育生态支持的本土化实践创新 | 王红霞 | 98.00 |
| *9210 | 资源教室建设方案与课程指导 | | 59.00 |
| *9211 | 教学相长：特殊教育需要学生与教师的故事 | | 39.00 |
| *9212 | 巡回指导的理论与实践 | | 49.00 |
| 9201 | 你会爱上这个孩子的！：在融合环境中教育孤独症学生（第一版） | [美]Paula Kluth | 98.00 |
| 0891 | 巧用孤独症学生兴趣的20个方法 "给他鲸鱼就好！" | | 49.00 |
| *0013 | 融合教育学校教学与管理 | 彭霞光、杨希洁、冯雅静 | 49.00 |
| 0542 | 融合教育中自闭症学生常见问题与对策 | 上海市"基础教育阶段自闭症学生支持服务体系建设"项目组 | 49.00 |
| 0871 | 学习困难学生教育指导手册 | "挑战学习困难"丛书 主编：赵微 | 59.00 |
| 0753 | 小学一年级认知教育活动（教师用书） | | 59.00 |
| 0752 | 小学一年级认知教育活动（学生用书） | | 49.00 |
| 0754 | 小学二年级认知教育活动（教师用书） | | 59.00 |
| 0755 | 小学二年级认知教育活动（学生用书） | | 49.00 |
| 0834 | 学习困难学生基础认知能力提升研究与实践 | 刘朦朦 | 59.00 |
| *7809 | 特殊儿童随班就读师资培训用书 | 华国栋 | 49.00 |
| *0348 | 学校影子老师简明手册 | [新加坡]廖越明 等 | 39.00 |
| *8548 | 融合教育背景下特殊教育教师专业化培养 | 孙颖 | 88.00 |
| *0078 | 遇见特殊需要学生：每位教师都应该知道的事 | | 49.00 |
| 9329 | 融合教育教材教法 | 吴淑美 | 59.00 |
| 9330 | 融合教育理论与实践 | | 69.00 |
| 9497 | 孤独症谱系障碍学生课程融合（第2版） | [美]Gary Mesibov | 59.00 |
| 8338 | 靠近另类学生：关系驱动型课堂实践 | [美]Michael Marlow 等 | 36.00 |

标*书籍均有电子书（2025.06）

华夏特教线上知识平台：

 华夏特教公众号

 华夏特教小红书

 华夏特教视频号

 "在线书单"二维码

微信公众平台：HX_SEED（华夏特教）
微店客服：13121907126
天猫官网：hxcbs.tmall.com
意见、投稿：hx_seed@hxph.com.cn
联系地址：北京市东直门外香河园北里4号（100028）

## 调整行为即将出现时的情况（A）

首先要对目标行为出现前的环境情况进行调整，以便让孩子的这个行为更容易出现。

### 方法1：环境调整

要让孩子学习一个新行为，我们首先要考虑行为即将出现时的情况（A），也就是说，为了让目标行为更容易出现，我们该如何调整环境。

例如，如果孩子不会在幼儿园的沙坑使用玩具玩耍，我们可以在孩子的身边多摆放一些他之前用惯的铲子或小玩具车等，让他一伸手就能拿到。

如果孩子在课堂上不能将注意力集中在老师身上，那么我们可以把孩子的座位调整到他可以更清楚地听到老师声音的位置，把墙上那些容易分散他注意力的贴画拿掉，也可以把他桌面上的一些学习用品先收起来。

如果孩子上厕所后不会自己洗手，若是因为洗手池的设施有些不便，我们可以准备一个踏脚台，或者在孩子一伸手就能拿到的地方放上肥皂等。我们还可以准备一些带有孩子喜欢的动漫人物的肥皂或杯子等，这也会起到积极的效果。

通过这样的环境调整，我们可以让孩子的目标行为更容易出现。

### 调整环境的要点

- 当孩子无法集中注意力时，我们要看看是否有分散其注意力的额外刺激（如噪音、贴画、桌上的物品、附近的孩子）。

- 当孩子无法集中注意力听讲时，我们可以考虑能否将他的座位换至更容易令他听讲的地方。

- 当孩子逃避学习任务时，我们要考虑是否需要调整任务的难度和数量。

- 要考虑目标行为难以出现是否由于身体方面的不便（如孩子因身高不足而难以方便地触及所需物品）。

- 要考虑目标行为不易出现是否由于身体发育或学习阶段还未达到相应水平（如不认识字或数字等）。

## 方法 2：辅助

我们对环境进行调整后，要进一步积极地引导行为出现，最主要的方法就是辅助（提示或帮助）。

例如，在前面举的例子中，如果孩子没有关注老师讲课，这时候老师可以在开始讲课前轻轻拍一下孩子的肩膀，提醒他"看老师"。

孩子上完厕所后不去洗手，这时候我们可以轻轻推着孩子的身体，引导他去洗手台并说"洗手吧"，也可以在厕所出口处提示孩子接下来的任务，提醒他"接下来是洗手"，这也是一种辅助。

成人的辅助及环境调整可以让目标行为更容易出现。行为每出现一次，就会被随之而来的后果（C）所强化，因而以后行为也就更容易出现。

### 辅助的等级和辅助渐褪

根据对孩子的影响程度，我们可以把辅助分为几个等级。我们在为孩子提供辅助时，必须只使用最为必要的、对孩子的影响程度最低的方法引导行为。

然后，当某个等级的辅助已经可以充分地引导孩子的行为时，我们必须要逐渐地降低辅助水平，最终达到在无辅助的情况下，孩子也能出现目标行为，这样的过程叫作辅助渐褪。

辅助必须是对孩子必要且有效的，随后应逐渐地撤销，让孩子在辅助较少的情况下也能完成任务。

| 影响程度（从低到高） | 辅助方法 |
| --- | --- |
| 视觉辅助 | 在环境中预先给出视觉提示，让目标行为更容易出现。<br>・在孩子的视线范围内张贴一天的流程表；在衣服的前后贴上标记；在鞋箱上贴一张"鞋"字的卡片或贴一张鞋的图片贴纸等。 |
| 语言辅助 | 直接、间接地用语言传达目标行为的提示，以引导行为出现。<br>・孩子回家后对他说"洗手""该干什么了？"在教室里对孩子说"小朋友在干什么？""老师在说话哦！" |
| 手势辅助 | 大人做出手势引导目标行为，如用手指向必要的物品，或将其拿起来示意等，用这些举动向孩子做出提示。<br>・用手指向老师提醒孩子看老师；用手指向课本让孩子打开书。 |
| 示范辅助 | 示范目标行为让孩子模仿。<br>・引导孩子模仿同桌同学打开课本的行为；在车站买票时，引导孩子模仿前面的人的做法。 |
| 肢体辅助 | 成人通过接触孩子的肢体引导目标行为出现。<br>・孩子在写字的时候，我们可以抓住孩子握铅笔的手，手把手地教孩子如何移动；做操时，我们可以从后面牵动孩子的身体；吃饭时，我们可以帮助孩子将握勺子的手移动到目标食物边上；课堂上需要举手时，我们可以向上托起孩子的肘部等。 |

## 建立行为（B）

缺乏行为也就是当前因为某些原因尚未掌握的技能。因此，我们不要将难度过大的行为设定为目标，而应该将依靠少许努力或周围的支持就能建立起来的行为作为目标。

### 方法3：塑造

塑造是指以当前尚未出现过的行为作为最终目标，引导孩子逐渐掌握。

合适的音量、准确的发音、标准的举手姿势、寒暄的用语和穿脱鞋子等技能都可以通过塑造掌握。

例如，如果孩子在课堂上发言时声音实在太小，那么开始时尽管老师听不到，但只要可以看得到孩子的嘴巴确实在动，我们就可以强化这样的行为。等到该行为稳定后，我们可以以同桌同学能听到作为目标，只要同桌同学听得到，就给予强化，而不再强化之前只动嘴巴的行为。

对于不会举手的孩子，我们可以从强化孩子将手举到肩膀边的行为开始。等到该行为稳定后，我们要以孩子可以把手举到耳边，进而举到头部，最后举过头顶为强化标准，逐步地增加目标行为的标准，一步步地塑造出最终的目标行为。

**方法 4：任务的分解与行为串链**

孩子在幼儿园和小学学习的大部分技能，都至少由两个以上的步骤构成。

如进教室后，从把书包放好到坐到自己座位上，这其中就包含以下几个步骤：打开书包，拿出联络本和作业本，放到老师桌子上，把课本、笔记本和铅笔盒放在自己课桌上，收好书包，将装有自己的值日生工作服的袋子挂在课桌侧面的钩子上，然后把书包放进自己的柜子里，回到自己的座位坐下。这是日本小学生大致会执行的流程。

要让孩子掌握这样的任务，我们就应该先分析这一连串的行为由哪些步骤构成，然后一步步地引导教学。

**任务分解**

分析孩子将要学习的技能由哪些具体步骤构成，这就叫作任务分解。孩子最终能否完全掌握这项技能，充分的任务分解在其中起到了关键作用。

任务分解可以按照如下方法进行

1. 成人先自己慢慢地完成一次这项任务。

2. 观察其他孩子完成这项任务的情况。

3. 在任务分解表上写下细节步骤。

我们要根据孩子的实际能力确定实践的步骤数量，并不是说步骤越多越好，少了就一定不好。我们在第一次尝试时，也许需要把步骤分得细一些，但有时候几个步骤可以合在一起，步骤少一些也没有影响。最重要的是，我们要看根据这样的任务分解，孩子最终是否能够掌握这项任务。

以洗手为例的任务分解步骤

1. 挽起袖子
2. 拧开水龙头
3. 双手冲水
4. 打肥皂
5. 搓双手
6. 双手再次冲水
7. 将肥皂冲净后关上水龙头
8. 从口袋里拿出手帕
9. 用手帕擦双手
10. 将手帕放回口袋

**串链**

对目标任务进行分解后，我们接下来要决定从哪个阶段开始教学。这里有三种方法，它们各有所长。

1. 逆向串链

这是从最后一步开始教的方法，也就是从差一步就可以完成的地方开始教学，反向地逐步往前教每个技能，最后串起来。这样，孩子只需要少许的努力就能完成整个行为链的任务，因而一直能够获得自然强化。

前面的步骤都由成人帮助孩子一起完成，只留下最后一步让孩子独立执行。如果孩子完成了最后一步，我们可以马上给予语言表扬，孩子也可以获得"完成了"这种自然的强化。当孩子确实能够很好地完成最后一步，接下来我们要让孩子独立完成最后两步，如此这般，将行为串链起来。

2. 正向串链

这是从第一步开始按顺序教授技能的方法。虽然到完成最终任务需要花费较长时间，但孩子可以从中更好地理解行为的流程。

和逆向串链一样，在孩子完成第一个步骤后就强化该行为。接下来，在孩子能把第一个和第二个步骤连起来完成后强化该行为。

逆向串链一直能够获得任务完成这个自然强化，但正向串链做不到这一点，所以到完成最终步骤之前，可以用表扬或物品等习得性强化物进行强化。

3. 全任务呈现法

这是将任务分解的技能从第一步到最后一步全部连起来教学的方法。这个方法适用于教授由不太长的几个步骤组成的行为，或者在串链进行到一半时，经过评估发现孩子没有不擅长的步骤后，把还没学习的步骤全部连起来教授的情况。

影子老师支持方案的实施者在辅助时，要紧贴在孩子身边，时刻准备在孩子遇到没有完全掌握的部分时用肢体辅助其完成。

## 调整行为发生后紧接着出现的后果（C）

### 方法 5：强化

我们在第 3 章中讲到了因强化物出现而带来的强化，它是指如果在行为出现后紧接着呈现出一个强化物，那么该行为以后就会更稳定并得以维持。

#### 立刻强化，每次都强化

如果孩子做出目标行为，我们就要从评估信息的强化物清单中选取并使用适合当前场景的强化物，而且要保证孩子每次出现该行为后马上给予强化，这样的反馈才能让孩子体验到该行为是适当行为。

### 表达具体、易懂

"手向上伸直啦！太帅了！""认真听老师讲话了，你真棒呀！""能说'谢谢'了，真厉害！"等反馈可以让孩子更明确自己的什么行为会得到表扬。

### 种类丰富

如果我们总是用同样的反馈方式，孩子就会厌烦，渐渐地效果就会变弱。因此，我们需要经常从强化物清单里选取不同的反馈方式。口头表扬也一样，我们可以参考第7章中的表扬用语清单，让自己的反馈方式多样化。

影子老师应该预先与班主任老师商讨，除了影子老师之外，班主任老师也要时不时地使用不同的方式呈现强化物，这对于有效地撤出影子老师非常重要。

### 渐渐拉开强化间隔

孩子的目标行为在每次出现之后都获得强化，这种情况逐渐稳定后，我们可以将强化间隔调整为目标行为每平均出现3次给1次强化、出现5次给1次强化……如此渐渐减少强化次数，拉开强化间隔。与目标行为每次出现都得到强化相比，这种说不准什么时候就得到强化的情况，反而更有利于目标行为保持稳定。

### 适合影子老师的强化方法

影子老师在课堂上强化孩子的行为时，不应影响课堂，因此必须要选择适当的强化方式。无论孩子多么喜欢玩具车或巧克力，在上课期间也不可能给孩子这些来奖励他的适当行为。孩子喜欢举高高，但这种强化方式在幼儿园里也很不容易执行。

1. 如果关注或语言表扬是强化物

- 用笑容和小声夸奖具体地表扬

  如可以小声说"你现在说得很好哦！""你这个字写得真棒啊！""你说话声音很大，真棒！"应该面带笑容地对具体行为做出表扬。

- 手势示意

  预先确立竖大拇指或者OK等表示"好"的手势，在需要时用手指及手臂动作向孩子表示赞许。

- 请班主任老师参与

  为了将来的顺利撤出，影子老师从支持的初期阶段开始就应该与班主任老师一起商讨，调整强化方法。然后请班主任老师协助，在孩子做出适当行为后给予语言表扬或关注。

- 引导同学给予关注

  如果关注是强化物，那么在孩子发言或展示自己作业时，可以请老师和同学给予他积极的关注，鼓掌和正面赞扬往往是非常有效的奖励。因此，应该事先与班主任老师商讨，请老师在课堂上时不时地专门向需要支持的特殊儿童提一些简单的、他能够回答的问题。

2. 如果肢体接触是强化物

- 击掌或握手

  让孩子与影子老师单手击掌或握手获得正面反馈，同时也可以获得语言表扬和笑容鼓励。

- 轻拍后背或肩膀

  我们也可以通过轻轻拍抚孩子的后背或肩膀给予鼓励。

3. 如果物品或活动是强化物

- 攒积分交换（代币经济）

  虽然有些物品或活动是强化物，但是在教室里马上给孩子拿出玩具或零食，抑或是开展游戏或活动都不太现实，需要等到课间休息或放学回家后，再给孩子呈现这些奖励。

  在这种情况下，一种被称为"代币经济"的办法就显得很方便了。代币经济是这样的一种奖励制度：当适当行为出现时，马上奖励孩子一定的积分，等积分攒到一定数量后，孩子可以兑换自己要求的玩具或活动。

  我们可以先制作一个代币表格，当孩子的适当行为出现后，马上把他喜欢的贴纸、印章或小红花等填到格子内。

我们在贴代币的时候应该告诉孩子"因为你做了××，所以得到了代币"，孩子也可以根据自己的良好表现亲手粘贴代币。

- 从少量开始，先在家里做练习

  最开始我们应该先在家里从少量做起，让孩子用很少的代币就能交换到强化物，如此可以让孩子积累代币经济的体验，进而在以后实际的影子老师支持场景中更顺利地使用代币。

- 预先确定可以交换的强化物

  应该事先与孩子商讨决定，多少积分可以兑换些什么。这样做也是一种动因操作，可以让孩子更积极地攒积分，对适当行为的奖励效果更好。

与孩子一起商量多少积分可以兑换什么。让孩子检查自己的行为表现，这也是培养自我控制能力的机会。

### 4. 让活动和任务的完成本身变成强化物（自然强化）

尽管做到这点非常难，但影子老师也应该努力想办法，不只是依靠外加的强化，而要让参与活动或完成任务本身就具有强化效果，这样才最好。

- 自我检查

  我们应该帮助孩子，让他自己记录代币表格或自己做出任务评价。影子老师可以一边说"画个钩试试"或"这里可以贴一朵小红花哦"，一边帮助孩子对自己的行为做出正面评价。

- 向班主任老师和同学展示

  可以将攒满代币的表格或孩子自己用画钩表示的任务完成表展示给班主任老师和同学看，并获得他们的语言表扬、身体接触表扬或获得参与某些特殊活动的许可，这样做能够提高孩子完成任务的内在成就感。

  影子老师可以在孩子完成任务课题后，对他说"拿到老师那里去"，如此制造出让孩子获得老师表扬的机会。

---

#### 小凯妈妈（大阪）

我家小凯进入小学后，在二年级结束之前，一直都在行为分析师的协助下，接受由影子老师在学校提供的每周 2~3 次的支持。我很注意让孩子能够自己确认任务并对自己的行为做出评价。一年级时，我会问孩子"你现在该做什么了？""做得怎么样啊？"等，以便创造机会引导孩子观察自己的行为。上二年级后，孩子学会了用"✓△×"简单地记录自己的行为。于是，尽管我们减少了影子老师的学校支持时间，但小凯能够只靠班主任老师和同学的支持自己上课了，他的学习时间也增加了。

## 5 支持 2：过度行为

孩子出现问题行为时，我们总是责骂孩子，这不会有多大效果。近年来我们发现更有效的做法是积极地增加孩子的替代性适当行为，并使其维持，从而减少问题行为。我们还可以积极地事先调整环境，以防止问题行为的出现，这样的做法叫作积极行为支持（PBS），它正在成为支持工作的主流方式。

对过度行为的干预，不只是考虑应该如何制止或减少该行为，更需要考虑可用哪些行为代替这个问题行为，要考虑在当前的环境中，我们希望孩子出现怎样的行为（适当行为），这才是重点。

我们可以用逆向思维来思考，一天 24 小时，每堂课 45 分钟，幼儿园的户外游戏时间是 1 小时，这些时间都是固定的，在这些时间内，如果我们增加孩子的其他行为，那么他花费在问题行为上的时间就会减少，也就是说，问题行为就会减少。

增加其他行为，和前面第 72-82 页中讲解的对缺乏行为的干预是同样的道理，但要做到增加其他行为并减少问题行为，我们需要按照本节所述的方法来做。

专 业 术 语 解 说

**替代行为**

与问题行为具有同样功能，但可以被社会所接受的行为。

**适当行为**

当前环境中，符合社会规则的行为。

## 全面掌握关于支持工作所需要的信息

开始时,要全面掌握关于支持工作所需要的信息。问题行为具体是什么,程度怎样,在什么状况下较容易出现,具有怎样的功能,这些都需要得到确认。随后要考虑用以替代它们的行为可以有哪些,或者有哪些适当行为,哪些行为是可以教学且能够比较容易稳定维持的,可以利用的社会资源有哪些,该如何辅助等。

## 填写行为矫正流程图

全面掌握了关于支持工作所需要的信息后,我们可以使用行为矫正流程图制订具体的干预计划,包括列出问题行为的现状、替代行为、最终希望孩子学会的适当行为,以及这些行为会被哪些后果强化和维持等。行为矫正流程图可以按照以下的步骤制订。

1. 在【ABC】一栏中填写经观察确定的问题行为的现状。

2. 在【B1(替代行为)】一栏中填写替代行为是怎样的更能被社会接受的行为。

3. 在【C1】中确认替代行为是否与问题行为具有同样的功能。

4. 在【B2(适当行为)】一栏中填写在当前场景下希望孩子出现的行为。

5. 在【C2(行为发生后紧接着出现的后果)】一栏中填写适当行为的强化后果。

### 行为矫正流程图

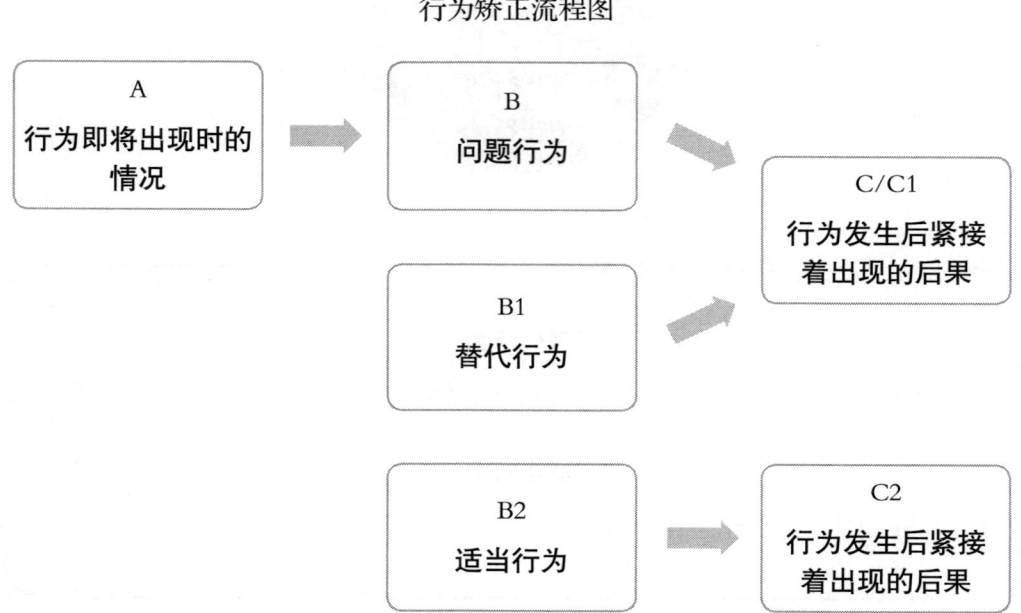

## 调整行为即将出现时的情况（A）

### 调整环境

在问题行为出现之前调整环境，使行为不易出现，同时还应该把环境设置得让适当行为更容易出现。

例如，如果孩子会出现抓起东西乱扔的行为，就不要在孩子身边放置那些扔出去会惹麻烦的物品。

### 提前告知

提前告知孩子接下来的一个时间段或第二天的活动内容，以便让孩子有所准备，这样做往往可以减少问题行为的出现。

例如，如果课堂上突然发考卷的时候，孩子会离座或哭闹，那么我们可以提前一天就告知孩子明天将有一次语文测验。

### 提供辅助（创造成功的契机，让替代行为或适当行为更容易出现）

我们可以提供必要的辅助帮助孩子更轻松、更容易地做出替代行为和适当行为。关于辅助，可以参考第 74—75 页的详细讲解。

## 差别强化行为（B）

我们可以采用第 75—78 页关于建立行为一节描述的方法引导替代行为或适当行为的出现，并给予强化。这种不强化问题行为，而强化其他行为的策略，叫作差别强化。

### 对替代行为的差别强化

强化与问题行为具有相同功能（目的）的替代行为。

例如，如果孩子为了获取老师的关注频繁离座，那我们就只强化孩子叫老师或对老师说"过来"的行为。这样的替代行为不仅实现了同样的目的，而且更能够被社会接受。

如果孩子为了获取玩具推搡同学，我们就可以引导孩子说"给我"或"××玩具"，从而获得同学手里的玩具，这样的适当行为可以有效地替代推人行为。

孩子通过打人或推人获得强化物的行为，与他通过用口语说出"球"等强化物的名称要求获得强化物的行为，具有相同的获得强化物的功能。

### 对适当行为的差别强化

在出现问题行为的环境中，我们强化孩子出现的其他符合社会规则的适当行为。例如，如果孩子在上课时撕扯刚发下来的作业卷子，我们可以在这时不强化撕卷子的行为，而强化孩子用铅笔在卷子上写名字、读出题目或写出答案的适当行为。

### 对其他行为的差别强化

差别强化是通过强化问题行为以外的所有行为减少问题行为的方法。

例如，孩子如果推打小朋友，我们可以强化推和打以外的所有行为。拿住玩具，在校园里跑，唱歌，上厕所，洗手，坐椅子，在地板上打滚等，这些都是问题行为之外的行为，都可以被强化，其实际后果减少了孩子花费在问题行为上的时间。

### 对不兼容行为的差别强化

这是通过强化并增加和问题行为无法同时进行的行为，减少问题行为的方法。

例如，孩子如果频繁离座，就让他做喜欢的课题，强化安坐行为。安坐和离座是无法同时进行的，这就是不兼容行为的差别强化。孩子如果打小朋友，就强化他在沙坑里用铲子挖洞的行为，这也是兼容行为的差别强化。

#### 小柯妈妈（兵库县）

我儿子小柯在上幼儿园中班，班里的小朋友来家里玩时，小柯经常会向小朋友扔东西、推小朋友。我仔细观察后发现，当小朋友不打招呼就拿走他的玩具时，他为了拿回玩具，就会出现这样的行为。

因此，我就教儿子说"我的"或"不给"这样简单的言词，引导小柯仿说，在他能说出这样的言辞时，我就让小朋友把玩具还给他。在这之后，小柯推小朋友的行为就逐渐减少了，他与小朋友一起玩的时间增加了。

### 问题行为出现后……

前面我们讲解了如何事先调整环境，使得问题行为不易出现，或者如何利用辅助引导孩子出现替代行为或适当行为。但是即便如此，问题行为还是有可能出现，那么我们可以按照下表所列的步骤，从负担最小的等级 1 开始，为减少问题行为提供支持。

| 支持级别（从低到高） | 方法 | 具体操作 |
| --- | --- | --- |
| 等级1 | 消退 | 不让问题行为产生效果（保持ABC分析中的A和C不变） |
| 等级2 | 强化物消失带来的惩罚 | 问题行为出现后拿走强化物（反应代价、罚时出局，参看第90页） |
| 等级3 | 厌恶刺激出现带来的惩罚 | 问题行为出现后呈现厌恶刺激（过度矫正，参看第91页） |

## 等级1：消退

### 消退是不让该行为产生改变环境的效果的操作

消退是指面对问题行为的出现，我们要采取对策，让行为即将出现时的情况（A）与行为发生后紧接着出现的后果（C）不发生变化（该行为没有改变环境的效果），从而减少该问题行为的出现。

### 消退不等于不理睬

常有人误以为消退就是不理睬，并非如此。如果问题行为是被社会关注的强化物所维持的，那么采用不理睬这个办法消退是可以的，但是如果问题行为是逃避任务，或者是自我刺激行为，不理睬的做法不但无法起到消退作用，还会强化该行为。

1. 逃避任务行为的处理方法

要消退因逃避学习任务出现的问题行为，我们可以让这个行为不带来环境的变化，也就是说，即便行为出现了，学习任务也不会因此结束。应该运用这样的策略消退逃避行为。

我们需要注意的是，如果孩子面对的是自己不擅长的学习任务，那么一上来就要求他全部完成是不现实的。可以与班主任老师商量，减少学习任务量或降低任务难度，通过向孩子提供辅助、告知答案或降低任务完成的标准等方法帮助孩子完成任务。

2. 自我刺激行为的处理方法

摇动身体、挥舞双手、自言自语等自我刺激行为，本身就是会带来感官刺激的强化物，因此往往很难消退。所以我们不应该只想着马上制止，而要从其他视角考虑处理方法。

首先，我们应该观察孩子在什么情况下会出现这类自我刺激行为。如果孩子在无事可做或不明确任务的情况下这类行为高发，那么我们应该在现场给孩子提供一些简单的任务，或引导孩子给成人帮忙，让孩子变得"忙"起来。如果孩子逃避任务，可以采用上面所说的消退方法应对。

自我刺激行为很难一下子完全消失，但我们可以教孩子区分场合，区分在哪些场合可以做，而在哪些场合不可以做。这也是一种处理方法。例如，当自我刺激行为出现时，我们可以让孩子去自己的房间或去学校的保健室，等行为结束后再去其他地方。

### 消退与差别强化一起使用可以获得更好的支持效果

如果我们将消退的操作与前面第 86-87 页介绍的差别强化的策略一起使用，支持效果会更好。也就是说，我们可以一边消退问题行为，一边强化问题行为之外的行为。

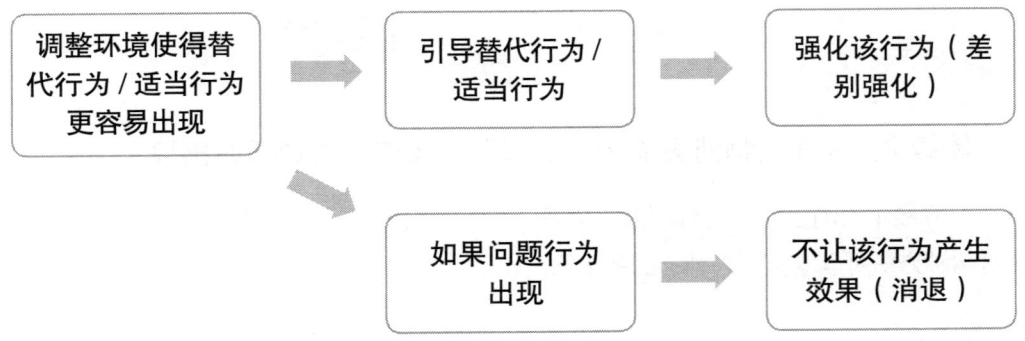

### 消退爆发

在消退问题行为的过程中，有时该行为会暂时性地激化，出现消退爆发。

例如，在消退孩子上课时发出声音以获得周围人的关注的问题行为时，在开始执行消退的最初阶段，如果一下子谁也不再关注他的发声，孩子就会连续地发出更大的声音以获取关注。

孩子以往会在小朋友面前大哭从而获得小朋友的玩具，在消退初期，如果他哭了也得不到玩具，他也许会哭得更厉害。

#### 1.消退爆发是消退操作开始奏效的信号

这些都是消退操作开始奏效的信号。所以，我们如果因为震惊而去回应，那就麻烦了。

如果在消退爆发时我们呈现了强化物，那么此时的这个更猛烈的问题行为就得到了强化。

2. 等待平静

我们可以让孩子处于安全环境中，等待他平静下来，然后在开展其他活动时，对孩子说"你安静地看书了，好乖啊"或"哭完了哦"等，以强化问题行为之外的所有行为。

### 等级2：因强化物消失而带来的惩罚（反应代价和罚时出局）

当等级1的消退无法缓解问题行为时，我们可以使用惩罚的策略。在等级2的策略中有两种方法可以拿掉本来拥有的强化物。

#### 反应代价

反应代价是指为行为付出代价。从这个意义上讲，反应代价就是当问题行为出现后马上拿走一定数量的强化物的方法。在日常生活中，驾驶超速或违章停车等行为，就是通过采用"罚款"的方法来约束的，这就是反应代价的一种。

作为学校影子老师，可以联合使用前面第80-81页讲解的代币经济的方法，当孩子出现适当行为时，给予积分，反之，出现问题行为时，我们可以拿走一部分已经获得的积分，从而减少问题行为。

#### 罚时出局

罚时出局是指离开强化物一段时间，即当孩子出现问题行为后，马上让他在一段时间内失去已经获得的强化物，暂时让他不再有机会得到。

当孩子出现在课堂上为获取关注而跑来跑去，或为获得玩具而打同学等问题行为时，我们就让孩子去教室后面或走廊等地方，在那里得不到什么好处，如此这般他暂时失去了得到关注强化物或玩具强化物的机会。

**罚时出局更容易奏效的前提是问题行为是因强化物的呈现而维持的**

罚时出局只有在问题行为出现的场所存在强化物（物品、活动或关注等）时才好操作。如果那些强化物的呈现会维持问题行为，我们就让孩子离开这个场所或离开强化物，等待问题行为的停止。

孩子在考试或做作业时，由于厌恶刺激的呈现而导致问题行为出现，这种情况是不能使用罚时出局操作的。从孩子的角度来说，如果此时让其从该场所离开，那么孩子就会体验到"不用做作业啦，太好啦"的后果。

### 等级3：因厌恶刺激的呈现而带来的惩罚（过度矫正）

如果等级2的处理方法也没奏效，那么这个方法可以用作最后的对策，但我们应该尽可能地优先考虑使用差别强化，以及前面说的等级1和等级2的方法改变行为。

**让孩子体验到问题行为的后果是给自己找麻烦**

过度矫正是指将因问题行为而改变的环境恢复到原来的样子或超过原来的样子，从而让孩子发现，做出问题行为后，不但没什么好处，反而会给自己找麻烦。

如果孩子在幼儿园扔玩具或把玩具四处乱丢，我们可以将玩具归拢到孩子的身边，让他一个一个地收拾整理好。此外，还要让孩子把他没乱丢的玩具也整理干净。

在小学，我们可以让孩子打扫自己撕破的纸、打翻的饭或水等，除此之外，还要要求他把更大范围的地板擦干净，从而让孩子意识到"问题行为＝给自己找麻烦"。

**无意识行为和有功能行为的差异**

当然，孩子毕竟是孩子，不小心打翻了饭或水，将东西掉地上打碎了等情况很常见。我们不能因为孩子乱丢东西就每次都对他过度矫正，我们应只是在问题行为持续出现，并且已经确认其功能，而且是在尝试了消退或差别强化等处理方法而未能奏效的情况下，才考虑使用过度矫正的策略。

## 6 再评估、对计划的修正和再支持

我们需要用两周甚至一个月以上的时间，才能确认学校影子老师的支持工作是否有效。

评估时，我们不能只用"好像还挺管用的""老师挺帮忙的"这类主观话语判断效果，而是应该依据行为观察的后果评估。我们要根据 IEP 里写明的行为测量方法进行测量，并将获得数值与日历合并绘制成图表。然后，再与学校影子老师支持方案开始之前的评估数据对比，从而确认孩子的行为是否有变化。

当准备减少学校影子老师的支持，增加班主任老师和同学的干预时，我们也应该同时评估班主任老师和同学的支持方式。如果他们的支持有效果，就可以继续这样的支持。如果没有效果，我们就需要修正 IEP，看看哪里出了问题，讨论协商新的支持方法。当老师和同学的支持尚不够充分时，影子老师应该再次实地演示，向大家示范有效的支持方法。

影子老师还需要与班主任老师一起讨论孩子的行为有哪些变化。

# 第5章
## 学校影子老师支持方案实例

本章主题：选取一些幼儿园或小学内常见的问题情境，通过各种应对实例，讲解学校影子老师的实战处理策略。

最后的一个实例，完整介绍了实施学校影子老师方案的全过程，包括评估、制订个别化教育计划、学校影子老师的支持工作以及支持工作结束后的跟踪。

# 1 学校影子老师支持实例 1　可以获得周围关注的问题行为

**案例 A** | 小季（幼儿园中班）
在沙坑向小朋友扔沙子

## 问题行为与场景

在幼儿园的沙坑里，小季独自一人默默地玩了一阵挖洞后，向旁边的小朋友身上扔沙子。小朋友哭了，老师批评小季说："怎么又扔沙子啊！这样可不行哦，快说对不起！"结果小季又准备朝小朋友扔沙子，于是老师就把她抱到秋千那边去了。

## 行为的功能是什么？

小季扔沙子的行为被老师给予的关注强化的可能性比较大。

## 行为矫正流程图

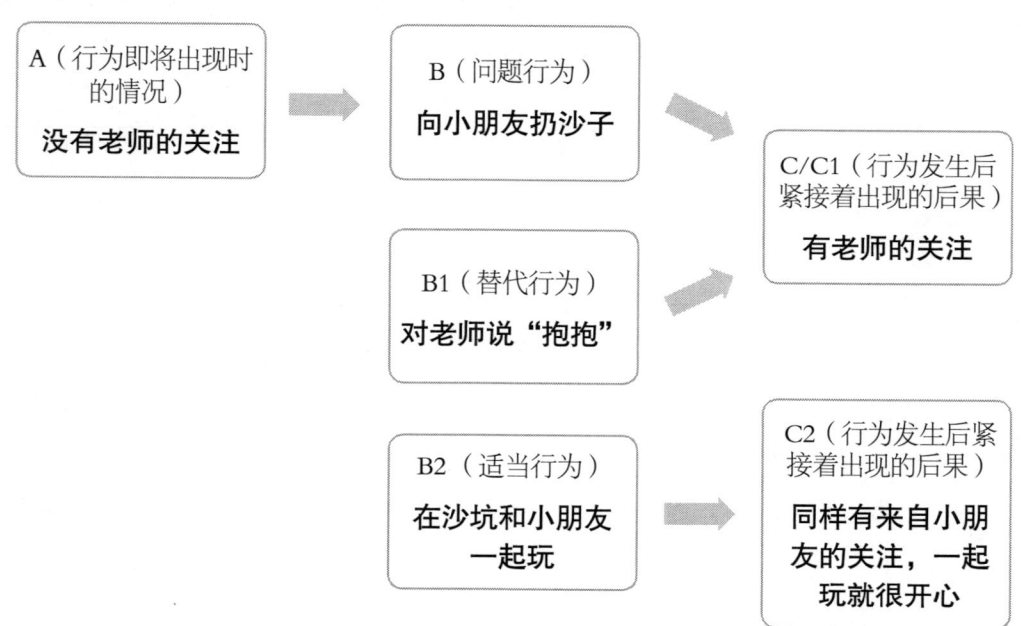

## 学校影子老师是这样做的!

### 替代行为:使用其他方法获取老师的关注

#### 支持1:请求老师配合

影子老师事先与老师协商,当小季做扔沙子之外的行为时,老师就积极地表扬小季"好厉害!""玩得真好!"等。

#### 支持2:带到老师身边

如果小季离开老师,就将她带回老师身边,让她处于比较容易得到关注的环境中。

#### 支持3:引导替代行为并强化

在小季需要得到老师的关注时,影子老师用肢体辅助引导她拍拍身边老师的手臂。在她耳边用语言辅助,引导她说出"看!""抱抱"等言词,向老师表达自己的要求。

小季在辅助下做出被引导的行为后,老师就马上给予关注,这是最好的强化。

### 适当行为:和小朋友一起玩玩具

#### 支持4:通过动作模仿教小季开展平行游戏

为小季准备一套与小朋友一样的玩具,让她模仿身边小朋友的玩耍动作,争取让她体验到用同样的玩具做同样的事的趣味。请老师轻抚她的身体,给予关注和鼓励。教小季使用铲子挖洞等玩法,做那些与扔沙子无法同时出现的行为,这也是一种有效的方法。

#### 支持5:引导小季用口语表达索要玩具并给予强化

我们可以在小季耳边给予语言辅助,引导她对小朋友说"给我吧"来索要玩具。小朋友把玩具给她后,影子老师应该向小朋友说"谢谢",并且逐渐地让小季自己也能说"谢谢!"在小季附近她拿不到的地方摆放几个她喜欢的玩具,这样更容易让她提出自己的要求。

## 万一问题行为出现了……

### 支持 6：防患于未然

影子老师可以事先坐在小季和其他小朋友之间，这样可以对扔沙子的行为做好预防。如果小季的举动看上去准备要向小朋友扔沙子了，影子老师就可以轻轻按住小季的手，并且把小桶或小铲子放在小季手上，说"装沙子进去"或"把沙子倒出来"，然后运用肢体辅助帮助她玩这些游戏，这样的行为与扔沙子的行为无法同时出现。小季玩了这些游戏后，老师要给予她关注，表扬她没有扔沙子，而是用小桶玩沙子的行为。

### 支持 7：罚时出局

如果小季还是扔沙子，可以将小季领到无法获得别人关注的地方，影子老师可以无声地控制小季无法跑开。不要严厉地训斥或批评，而只需制造出一个扔了沙子得不到任何人关注的环境。等待 2 分钟左右，然后带她回到沙坑，再次提供支持，引导她玩一些适当的游戏。

在小季能够拿起小铲子模仿旁边小朋友的玩法时，我们就要表扬她，强化这种与扔沙子不兼容的行为。影子老师坐在两个孩子中间，可以将扔沙子行为防患于未然。

## 案例 B | 小淳（小学二年级）上课时离座并在教室里走来走去

### 问题行为和场景

小淳上课时能够安坐 5 分钟左右，但时间再长，他就会离座并在教室里走来走去。老师每次都会喊"坐下"，以期小淳能坐回去，小淳每次也会笑着坐回去，然后大概过了 5 分钟他又开始做同样的行为，离座并在教室里来回走动，随后老师又用同样方法要求小淳坐回去。

### 行为功能是什么？

在小淳的这个案例中，来自老师的关注同样也是强化物，他离座走动的行为很有可能被老师的喊话所强化。

### 行为矫正流程图

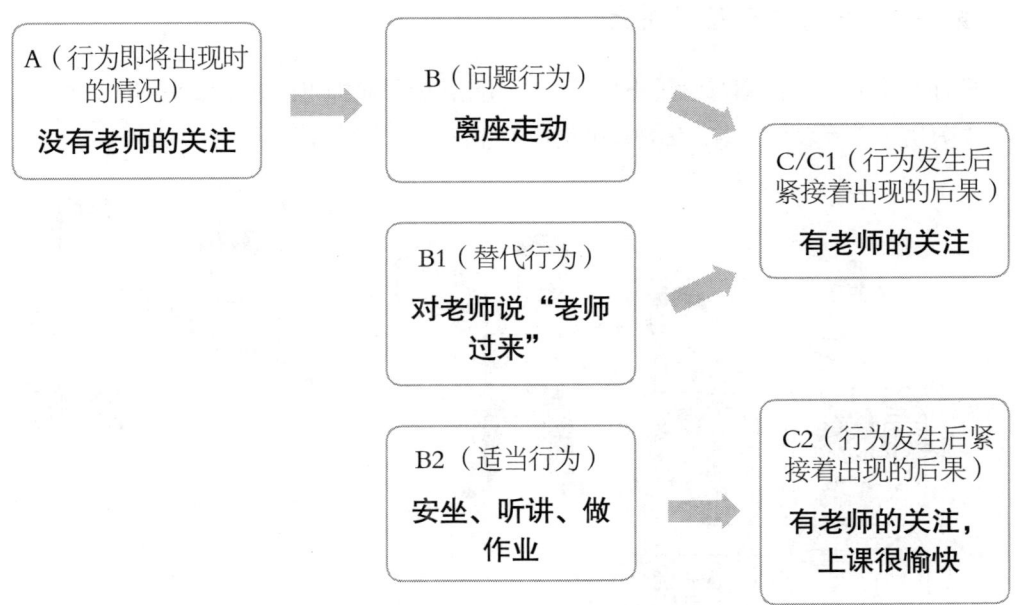

## 学校影子老师是这样做的！

### 替代行为：用其他方法获得老师的关注

#### 支持1：请老师配合

我们可以事先与老师讨论，确认小淳的离座行为是否具有获得老师关注的功能。然后，与老师约定，只在小淳安坐或回到座位时才给予关注。

#### 支持2：引导替代行为并强化

教小淳学习在离座前先向老师提要求，说"老师""老师过来"，或举手示意等，以获得老师的关注。

语言辅助：影子老师可以在小淳的耳边小声提示"说'老师'"，以获得关注。

肢体辅助：轻触小淳的右手，或轻轻托起他的肘部，辅助他举手。

视觉辅助：把写着"老师"的卡片出示在小淳眼前，辅助小淳自己叫"老师"。

#### 支持3：代替老师给予关注

班主任老师不可能随时给予小淳关注，因此，影子老师可以在他安坐期间，说"真棒""好厉害"等表扬的话，代替老师给他关注。

如果小淳知道答案，轻按其肘部辅助他举手（肢体辅助）。

**适当行为：安坐、做作业**

**支持 4：想办法延长安坐时间**

如果小淳能够安坐 5 分钟，那么我们接下来以安坐 6~10 分钟为目标。在小淳安坐时，要表扬他，与他一起看计时器，并在代币表格（参考前面第 80-81 页）上贴上贴纸。如果小淳能够安坐 10 分钟，影子老师要示意班主任老师，让老师也表扬小淳。

**支持 5：让孩子忙碌起来，给孩子选择任务或文具的权利**

在课堂讨论等环节，小淳往往不太容易集中注意力，要维持他的安坐行为，影子老师可以与班主任老师协商，准备一些小淳喜欢的涂色或填字游戏、书、练习题等来维持他的安坐行为，也可以给小淳安排一些特别的任务（发卷子或整理记事板等），从而创造出一个更容易获得关注的环境。另外，在上课之前，我们还可以让小淳自己选择上课时用的文具。

**支持 6：引导小淳参与上课并强化**

当小淳可以安坐一定时间后，我们要让他通过参与上课获得老师的关注，或让他掌握学习内容从而喜欢上课，要增加他在这方面的体验。

- 请任课老师配合：与老师事先商定，上课时专门出几个小淳可以解答的问题，让他回答，给他能够获得关注的机会。
- 引导小淳集中注意力听从集体指令：任课老师在面向全班说话之前，可以先给出"看老师""老师要开始讲话了"等语言提示，或出示写有"看老师"的卡片提供视觉辅助，引导他关注老师的行为。

**支持 7：强化适当行为**

每当小淳认真做作业时，影子老师就给予表扬，或在代币表格上贴上贴纸，向他展示这种强化物，强化他做作业的行为。

如果他能够长时间坐着完成学习任务，那么适当行为每出现 3 次或 5 次后，再给予一次强化，如此降低强化的频率，逐渐引导他只依靠任课老师和同学的自然关注就能维持认真上课的行为。

## 万一问题行为出现了……

### 支持 8：消退与差别强化

如果小淳依然在教室里随意走动以获得老师的关注，那么可以与任课老师商定，执行消退策略，不再关注他走来走去的行为，反过来，当小淳安坐时，则要时不时地给予他关注。

### 支持 9：反应代价

如果小淳出现了妨碍上课的问题行为，影子老师可以采用反应代价的应对策略作为最终手段。

在使用反应代价的应对策略时，应该事先与小淳讲明规则。如果小淳上课时不经允许站起来，就要撕去一张贴纸，反之，如果小淳认真坐着写字或做算术题，就能得到贴纸。在课堂上，问题行为出现时，就当着他的面马上把已经积攒的贴纸撕掉。而当他好好坐着上课时，同样地，要当着他的面把贴纸贴回去，以此告知他什么才是适当的行为。

反应代价和消退一样，应该与差别强化策略一起使用，强化替代行为/适当行为，从而在增加正确行为的同时也可以减少问题行为。

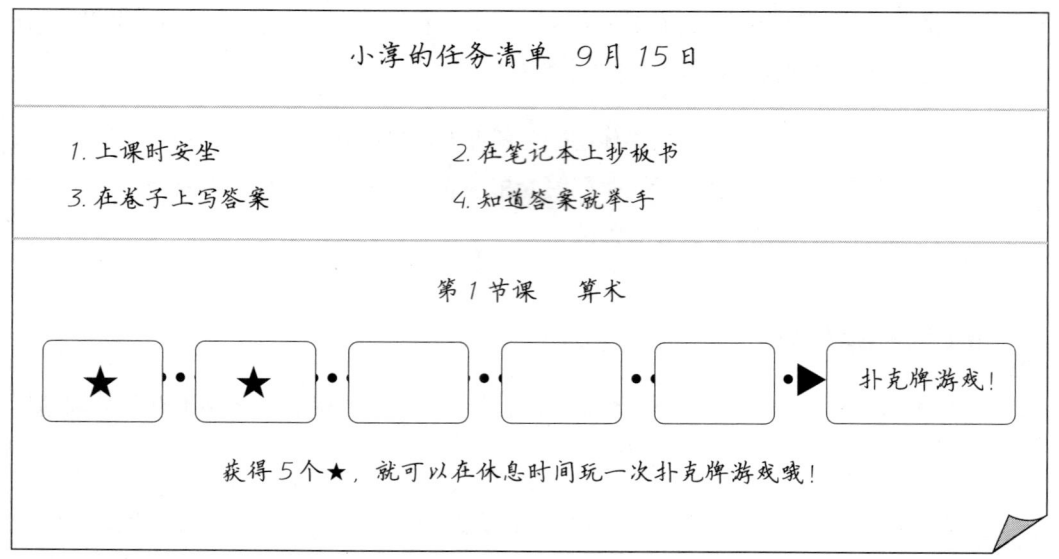

## 2 学校影子老师支持实例2 可以获得喜欢的任务或活动的行为

案例 C | 小顺（幼儿园大班）
玩起来就不肯结束

### 问题行为与场景

到了吃午饭的时间，小顺仍不肯进教室，在校园里大哭。于是，老师就会说"那就再玩一会儿吧"，并允许小顺继续玩滑梯。小顺这才停止哭泣，也不吃午饭，一直玩滑梯玩到筋疲力尽。

### 行为功能是什么？

在小顺这个案例中，他很有可能是为了获得玩滑梯的机会/活动才大哭的。

### 行为矫正流程图

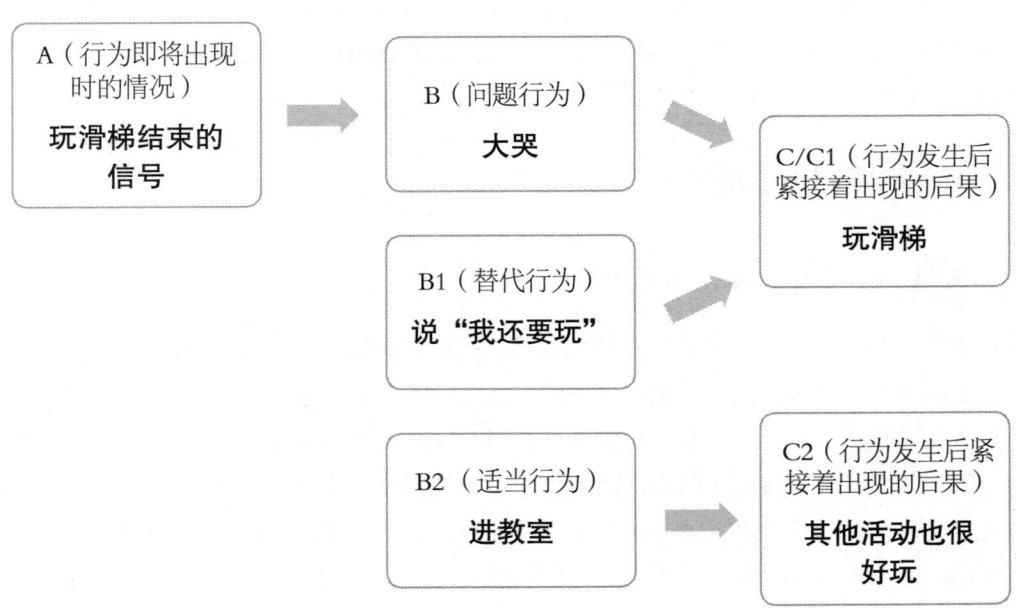

## 学校影子老师是这样做的!

### 替代行为:用其他方法获得许可

**支持 1:引导小顺说"我还不想进教室""再等一下"等表达个人需求的语言,并积极强化**

引导小顺使用其他代替哭闹实现继续玩等需求的方法。

语言辅助:影子老师在小顺的耳边小声说"我要再玩一次",并引导小顺对老师这样说。如果小顺不哭并且说出这类话,就马上让老师表扬他,并允许他继续玩滑梯。

### 适当行为:切换活动或场所

**支持 2:提前告知小顺"还可以玩一次",并引导他转换活动**

如果小顺一直玩个不停,我们应该教他学习中止玩耍。我们可以一边告诉他"还有最后一次",一边允许他滑滑梯,然后,当他滑完时,顺势轻推他的背部,引导他走回教室。

**支持 3:强化适当行为,引导小顺做接下来的活动**

如果小顺能够走进教室,就要马上强化他的这个转换行为。在教室里准备一些他喜欢的活动,让他先玩几次,再让他准备吃午饭(拿出自己带的便当)。可以请家人在便当里准备一些小顺最喜欢吃的食物,给他看照片,并告诉他"去吃××啰",引导他开始准备午餐。

### 万一问题行为出现了……

**支持 4:动因操作、消退与差别强化**

预先准备好一两件小顺特别喜欢的玩具,只在场所转换后允许他玩,平时要放在他看不到的地方,这就是运用了动因操作的方法。如果小顺又出现了不肯进教室,只在滑梯边大哭的情况,这时候准许他玩滑梯,就很可能会强化他的大哭行为,因此,这时要执行消退策略。我们发出了转换活动的指令后,就可以出示玩具,同时轻推他的背部引导他走向教室,当他一进入教室,就可以让他玩一会儿玩具。此外,家里每日的早饭时间可以提前一些,这样到中午时分,小顺就会比较饿,这也是有效的动因操作方法。

## 3 学校影子老师支持实例3　可以获得喜欢物品的行为

案例 D ｜ 小宏（幼儿园大班）
粗暴地从小朋友手里抢东西

### 问题行为与场景

小宏在沙坑或者在室内玩耍时，如果看到小朋友手里拿着铲子或汽车玩具，他就会抓起手边的东西一个一个地扔过去或过去把小朋友推倒。

在小朋友惊慌放手时，小宏就会把玩具拿走自己玩。

### 行为功能是什么？

小宏抢东西行为的功能最有可能是为了获取小朋友手中的玩具。

### 行为矫正流程图

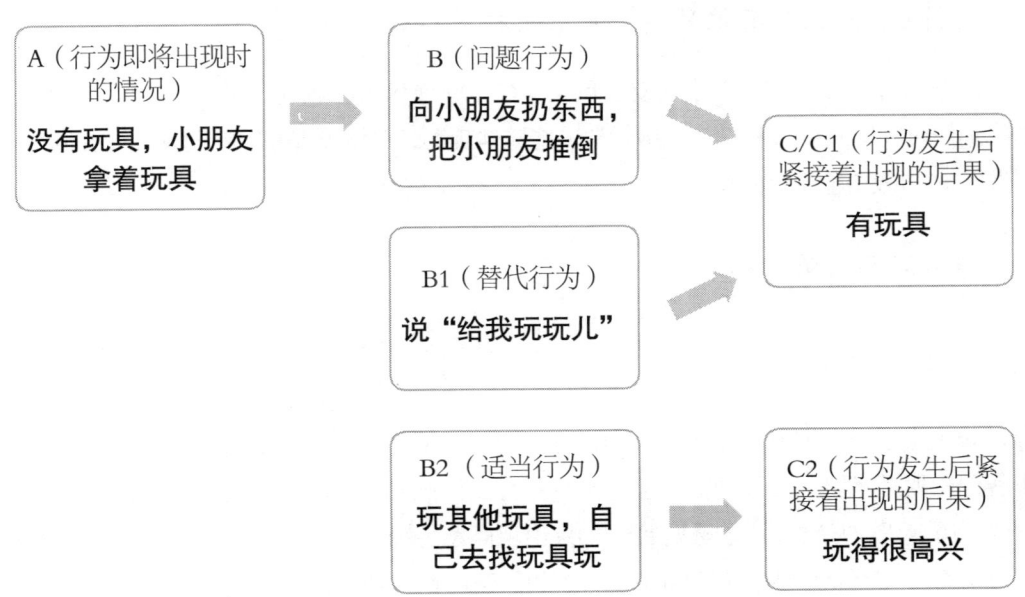

## 学校影子老师是这样做的!

### 替代行为:用其他方法获得玩具

**支持 1:将那些扔出去会有危险的物品提前拿走,同样的玩具多准备几个**

将小宏身边的那些扔出去会有危险的玩具拿开,只放一些比较安全的玩具。多准备一些与其他小朋友手中一样的玩具,放在小宏的视线范围内或直接给他,让他玩这些玩具。

**支持 2:引导并强化小宏说出提要求的语言**

让小宏明白,不必向小朋友扔东西或推倒小朋友,只需说"给我玩玩儿"或指着小朋友的玩具说"那个",就能马上得到那个玩具。

语言辅助:请班主任老师站在其他小朋友身边,影子老师则在小宏耳边小声示范说"给我玩吧"或"小汽车"等提要求用语,引导小宏说出这些话。一旦小宏表达了这样的需求,班主任老师就马上引导小朋友将手里的玩具给小宏。

### 适当行为:自己去找玩具

**支持 3:强化玩其他玩具/自己去找玩具的行为**

教学目标是让小宏不向小朋友要玩具,而是在现场自己玩其他玩具,或让小宏自己去找其他玩具玩。这里,我们需要给予他一些肢体辅助,带他去玩具箱那里,然后一边说"这样做",一边教给他玩具的使用方法。

### 万一问题行为出现了……

**支持 4:罚时出局**

如果小宏向小朋友扔东西的行为再次出现,影子老师可以将小宏带到室内或走廊的角落,在那里停留一两分钟,小宏不再有获得强化物的机会,这种做法就是罚时出局。不要严厉斥责,只要让小宏体验到:如果出现问题行为,就什么好处也没有。可以让小宏面朝墙壁,影子老师在其身后阻挡,静静地等待处罚时间过去。

# 4 学校影子老师支持实例 4  可以获得感官刺激的行为

**案例 E** | **小秋（小学六年级）**
没事做的时候就会自我刺激

## 问题行为与场景

小秋在课堂小组讨论开始后，只能安坐 1 分钟左右，随后就会离开小组，去稍远的地方，在那里大声地自言自语、击打自己的头部、晃动身体或抓挠全身等。班主任老师和同学跟他说"停下来""听我讲""到这里来"等，但都没有用。

## 行为功能是什么？

我们可以认为，小秋在无事可做或不理解讨论内容的情况下，会通过这种获得感官刺激的行为度过这段无聊的时间。

## 行为矫正流程图

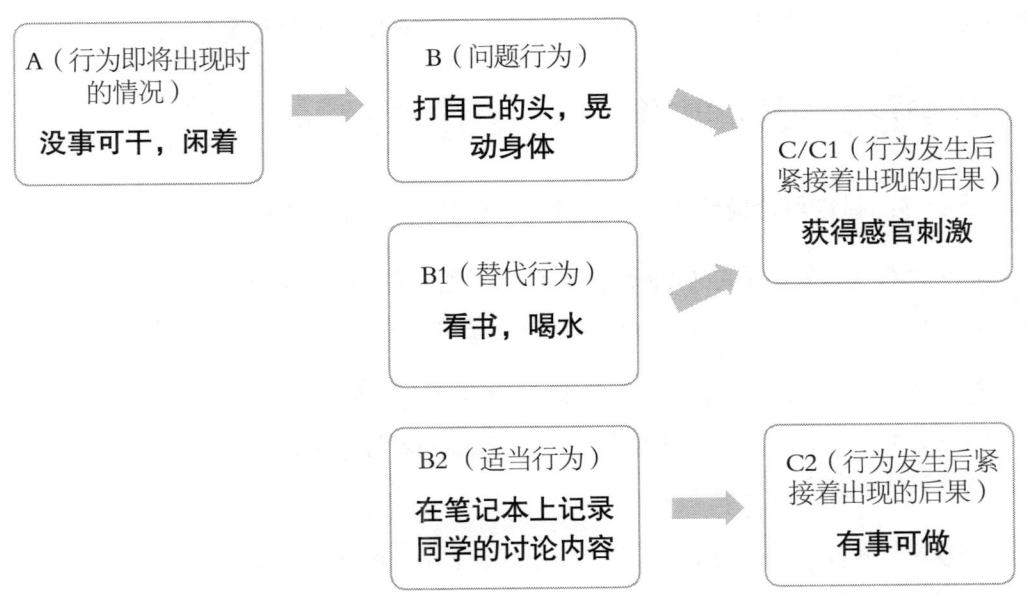

## 学校影子老师是这样做的!

### 替代行为：用其他方法获得强化物

#### 支持1：引导小秋做其他活动

小秋因听不懂讨论内容而无法参与这个活动，这导致他处于一种无所事事的状态，于是他便开始进行自我刺激，因此，我们可以引导小秋去做一些他喜欢的而且是可以被大家接受的其他活动。

请任课老师配合：事先和老师商量，建议任课老师让小秋做一些他喜欢的算术题，或让他去看书，还可以让他帮助老师发卷子或检查同学上交的作业本等，通过做这些活动度过课堂讨论的时间。

#### 支持2：先等一会儿，然后引导小秋用其他方法获得感官刺激

小秋参与小组讨论几分钟后，让他在征询老师许可的前提下，去看书或喝水，用其他的方法获得感官刺激。以后，我们可以逐渐延长小秋参与讨论的时间。

语言辅助：影子老师可以对小秋说"去休息吧！""要看书吗？"从而引导他转移到下一项活动。我们还可以教他学会主动地改变处境，引导小秋向任课老师表达自己的需求，如对老师说"我可以去喝水吗？"掌握这种自己主动改变处境的行为技能对孩子来说非常重要。

### 适当行为：参与小组讨论

#### 支持3：制作讨论提示卡／让小秋在小组中担任某项职务，引导他参与讨论

我们的最终目的还是希望小秋也参与小组讨论，有与同学交流的机会。因此，我们可以在小秋的能力范围之内，让他在小组中担任某项职务。

影子老师可以与班主任老师合作，预先将如下信息写在卡片上：1. 讨论的主题；2. 他人的意见；3. 自己的意见；4. 讨论结果。将其做成讨论提示卡，逐一出示给小秋，与他一起写，并参与讨论。

小秋在讨论提示卡上写下自己的意见之后，就马上给小秋小红花，或表扬说"写得真好啊！"等，用这些正面反馈强化写卡片行为，进而促进小秋参与讨论。

### 万一问题行为出现了……

**支持 4：教小秋区分在哪些场所和时间段可以进行自我刺激，并学会自我审视**

如果自我刺激行为无法完全消除，我们还可以教给小秋区分在哪些场所或在哪些时间段内可以进行自我刺激，这也非常重要。我们需要先教小秋掌握"什么时候""在哪里""是否可以"的概念，让他在家中自己的房间、学校的保健室等固定场所获得感官刺激。当采用各种支持办法后仍无法阻止小秋的自我刺激行为时，我们可以对他说"应该在哪里做？"并引导他去指定场所。我们要教小秋学习自我审视，即问自己"现在我在这里可以做吗？"自己去固定场所，或学会自我评判，能够意识到现在是不能做的时间。我们应该提供支持，帮助小秋掌握这种有效的自我控制技能。

1. 准备讨论提示卡

2. 写下同学的意见　　　　　　　　3. 读出自己的意见

将参与课堂小组讨论的行为进行任务分解，我们可以使用逆向串链法，先只要求小秋独立完成最后一步"读出自己的意见"，然后逐渐引导他独立完成前面的各个步骤。

## 5 学校影子老师支持实例5 可以逃避厌恶活动的行为

案例 F | 小佑（小学四年级）
碰到不喜欢的学习任务就离座大闹

### 问题行为与场景

小佑在算术或语文试卷发下来后，就突然站起来，一边哇哇大叫，一边在教室里来回跑。每次出现这种情况，副班主任老师都会让小佑去校园里跑步或带他去保健室休息。于是小佑就不用参加考试了。

### 行为功能是什么？

小佑的这些哭闹行为在面对厌恶的考试任务时就会出现，因此，这很有可能是他不想参与考试的逃避行为。

### 行为矫正流程图

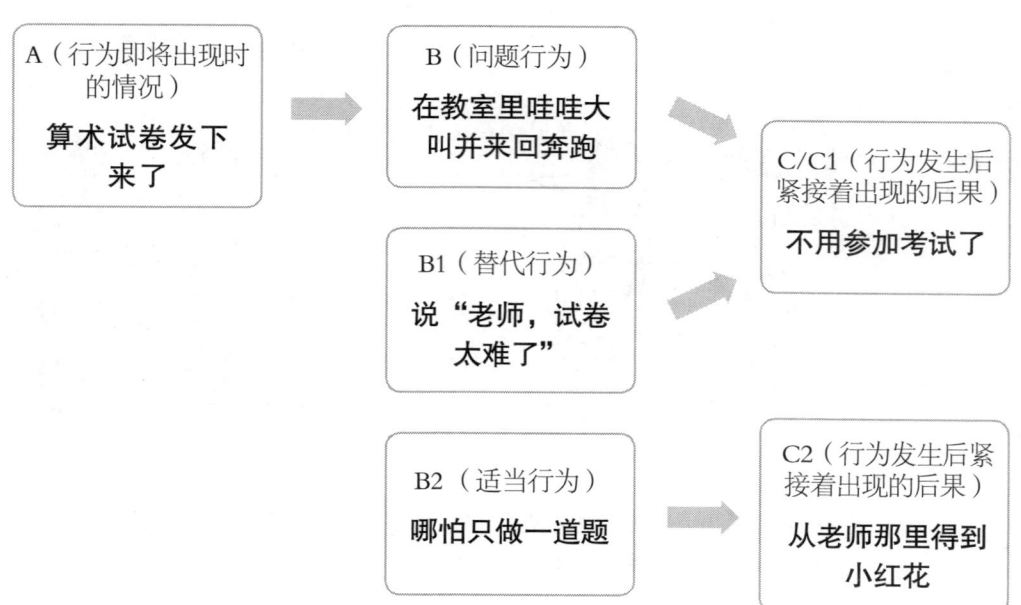

## 学校影子老师是这样做的！

### 替代行为：用其他方法来逃避任务

**支持1：引导并强化小佑使用求助的语言"试卷好难"**

既然行为功能是逃避考试，那么更能被接受的行为是用语言表达"老师，好难啊"或"老师教教我"之类的话。因此，影子老师应该在小佑离座之前，通过肢体辅助帮助他举手获得老师的关注，再给予语言提示"题目太难时应该怎么说？"或者更直接地告诉他"试试叫'老师'"。

### 适当行为：参加考试

**支持2：减少学习任务的数量或降低难度 / 提前告知**

影子老师和任课老师商量，对于小佑不太擅长的题目，可以考虑减少数量或降低难度，如要求他只答一道题就可以，剩下的作为家庭作业。

还可以在考试的前一天或上课前的休息时间提前告知小佑接下来有考试，和他商量决定以下几个问题：1.做几道题；2.如果题目难该怎么办；3.做不完的带回家做等。

**支持3：强化参加考试的行为**

我们最终的目的是希望小佑能够在一定时间内安坐下来参加考试。因此，影子老师应该询问小佑"有会做的题吗？""准备从哪道题开始做？"帮助小佑找到自己能做的题，创造他参加考试的机会。

当小佑做对了一道题时，就把老师叫来，让老师奖励他小红花，并且允许他不用再继续做题了，可以以自由活动的方式度过这段考试时间。以后，逐渐增加他的答题数量并提高题目难度，帮助他最终可以在大部分考试时间里都安坐着答题。

### 万一问题行为出现了……

**支持4：给小佑自己选择题目的机会**

当问题行为出现时，如果只采取不理睬、随他去的策略，在这里，很可能强化行为。所以，我们还可以事先专门准备几个小佑能够解答的题目，并由他自己选择做哪个。

# 6 学校影子老师支持实例6　主动学习或主动参与的时候太少

**案例 G** ｜ 小拓（幼儿园中班）
从早上入园一直到放学，他在幼儿园里的自发活动非常少

## 问题行为与场景

小拓早上到了幼儿园后，就坐在鞋柜前面玩自己鞋子上的尼龙搭扣或摆弄小石头，一直等到老师过来拉他。吃午饭前，大家在上厕所、洗手、漱口后，都将自己的便当盒取出拿到自己的座位上并坐下来准备就餐，只有小拓一直在教室的角落里独自玩玩具、敲钢琴的键盘，或在地板上打滚儿。

## 行为功能是什么？

小拓表现出来的缺乏行为是他在一些场合无法进行必要的活动。目标行为未能出现，小拓只是在鞋柜前玩，在教室的角落里玩，这些行为很可能使他获得一些感官刺激，是强化物呈现而带来的强化。

## 行为矫正流程图

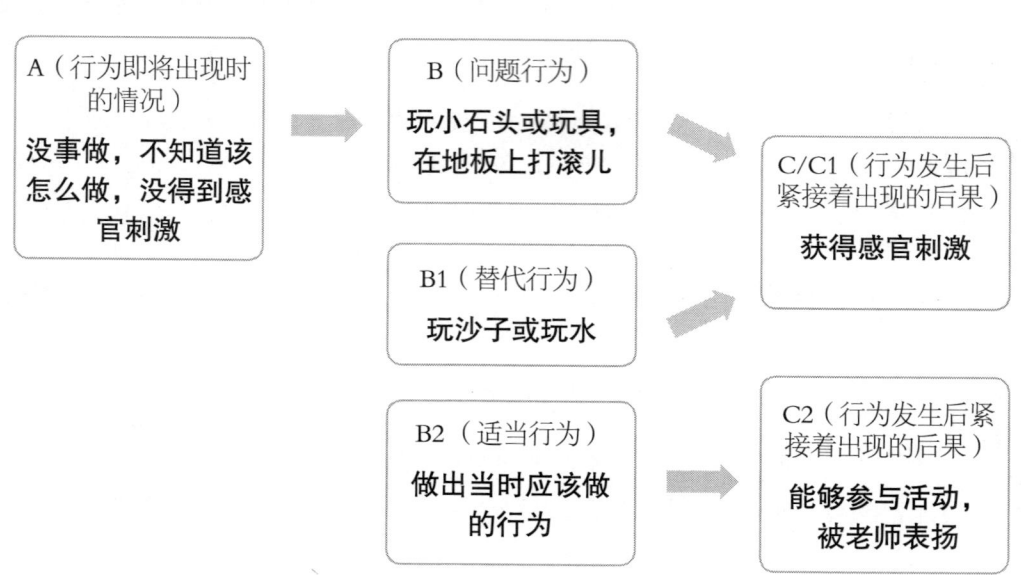

## 学校影子老师是这样做的!

### 适当行为:学习在特定场景中必要的生活技能

#### 支持1:在各个场合中提供视觉提示

我们可以把放鞋、取出书包、放毛巾、放杯子、上厕所和洗手等活动的步骤做成图片或拍成照片,贴在相应的位置,提醒小拓在相应的场所应该做些什么。

#### 支持2:任务分解与逆向串链

将幼儿园生活必需的技能任务分解成简单的步骤,例如:1.到了学校后换鞋;2.进教室之后整理书包和杯子;3.上厕所和洗手;4.准备自己的午餐;5.放学前的整理准备等。

我们可以先要求小拓只学习最后一步,影子老师或班主任老师可以通过肢体辅助教学。然后再逐渐减少肢体辅助,只通过口语提示帮助他完成任务。

小拓掌握了最后一步,就可以教前面一步了,进而让他把最后两步连起来完成。

#### 支持3:引导小拓参与活动,把他喜欢的活动作为目标行为的后果

影子老师和班主任老师应该事先商量好,当小拓在相应场所完成必要行为后,领他去参与他喜欢的幼儿园活动,以此作为奖励。班主任老师在确认小拓完成目标行为后,就带他去校园里玩沙子或玩水。

### 万一问题行为出现了……

#### 支持4:增加游戏及活动的种类

在幼儿园或家里,我们需要在日常生活中注意增加小拓能够参与的游戏及活动的种类,以便让他以后能参加各种各样的活动,如做游戏、玩玩具、读绘本、与小伙伴一起玩、做运动、做手工、参加户外活动等,都可以尝试,丰富小拓的生活内容,增加他感兴趣的能够独立参与的项目。我们还要教会小拓这些自己喜欢的玩具和活动的名称,以便他可以向老师提出要求。然后,我们要每天在幼儿园为小拓安排10分钟左右时间,扩展他所擅长的游戏及活动内容,创造他参与活动的机会。

# 7 从开始到结束——学校影子老师支持方案的完整执行过程

**案例 H** | 小健（小学高年级）
孤独症谱系障碍

## 学校影子老师支持方案开始执行之前

小健是普通小学高年级的孤独症谱系障碍男孩。

小健进了小学后一直在普通班，但他很难听从集体指令，也很难在上课时间专心上课。因此，除了擅长的算术之外，他都需要在家里或去补习班补习其他科目。

进入高年级后，小健上课更困难了，而且高年级同学之间的互动交流技巧也越来越复杂，因此他在班级里被孤立的时候越来越多，与同学之间的单向交流行为也越来越显眼。

小健的父母接到老师关于孩子状态的报告后，也去课堂上做了几次观察，确认了孩子的状态。对于当时的情况，班主任老师也不知道应该如何更好地处理。于是，小健的父母就咨询了校外的行为分析师。

### 家长和行为分析师的交流

行为分析师对小健进行了家访，与家长一起确认情况，并给出了建议。

### 确认家长的目标

确认家长来咨询行为分析师时抱着怎样的目标，了解家长希望孩子的行为出现哪些变化。

- 小健上课时发呆的时间很长，家长希望他能够积极参与课堂学习。
- 家长希望小健能够在学校参与一些集体活动，如陈述自己的意见、听取对方的意见、听从老师的指令并付诸行动等。
- 小健在课间等休息时间里，在班里处于孤立状态，家长希望能教他一些与同学互动的方法。
- 班主任老师也在摸索干预方法，但不清楚如何做才有效，所以家长非常希望行为分析师能与班主任老师合作，一起在学校里开展有效干预。

**行为分析师的建议**

1.和学校商量

行为分析师认为，要开展学校影子老师支持工作必须得到校方的许可，因此家长要与校长及班主任老师商量，说明希望提供学校影子老师支持的原因及其作用，获取学校的认可。

2.学校、家长与行为分析师的协作

需要向家长说明，学校影子老师支持工作开始开展后，并不意味着只要有学校和行为分析师双方的共同努力就够了，还需要有家长的参与，三方的协作是非常重要的。老师在联络本上记录小健在学校的良好表现，以便让家长在家也能表扬他，而一些在学校需要的技能，应该作为家庭作业让小健在家练习。

**家长与学校的交流**

家长要向校长及班主任老师说明情况和表达愿望，表明自己希望开展学校影子老师支持方案，请求校方准许行为分析师进入教室，提供学校影子老师支持，从而可以更好地引导小健积极参与课堂学习，引导他与班内同学的交流。

小健的家长在向校方表达愿望时，需要特别对班主任老师表示感谢，感谢她一直在努力思考如何更好地帮助小健与其他同学交流，感谢她对干预方法的摸索。同时，家长也要表示，引入基于 ABA 技术的支持后，有可能会从新的视角找到更有效的干预方法，开展学校影子老师支持工作后，老师的负担应该能减轻，老师可以更好地投入教学工作。

校方也一直在摸索帮助小健的有效干预方法，因此决定接下来与行为分析师进行合作。

**第一次学校会议**

家长、校长、班主任老师和行为分析师，在一起召开第一次会议，主要商讨的内容包括以下几个方面。

1. 班主任老师的目标确认

会议上首先需要确认的是，班主任老师如何看待小健的现状，希望小健会有哪些改变。

- 小健在上课时，基本不听从集体指令，每次都需要单独再向他说一遍，比如"把语文书翻到第 4 页"这样的指令，让小健听从也很难。可是课堂上老师不可能每次都单独给他提醒，所以，老师希望小健对集体指令有一定的反应。

- 孩子在上课时经常会自言自语或唱歌，每次在老师的要求下，他也都会安静下来，但总不能一直这么处理。

- 进入高年级后，课堂上小组讨论的次数增加了，但小健都无法参与。如果非要领他来参与，也只会变成老师与小健两个人一对一式的对话，实际上小健还是未能参与讨论。希望小健能参与讨论，哪怕只参与一点也好，让他能够表达自己的意见。

2. 对学校影子老师支持工作的说明

行为分析师要就学校影子老师支持工作的以下内容进行说明。

- 根据 ABA 的理论对小健的行为做出解释：讲解应该如何看待小健的各种行为；分析问题行为的形成和持续原因；用小健的具体问题行为或适当行为作为例子，运用 ABC 分析方法说明这些行为得以持续或减少的原因。

- 现场示范将要对小健开展的干预方法：请小健的父亲扮演小健，行为分析师示范如何帮助小健减少问题行为，如何增加他的适当行为，以及在处理过程中需要与班主任老师开展怎样的协作等。

- 介绍实施影子老师方案前需要做的准备工作：提出并讲解自己的支持方案，在开始之前需要用 4 天时间在现场观察小健的行为，以确定目标行为，制订 IEP，随后开展每周大约 3 天的学校影子老师支持服务。

- 学校影子老师的逐渐撤出：介绍预计的撤出计划，在行为分析师与班主任老师建立协作并开展统一而有效的干预支持后，当小健的行为发生了改变时，影子老师就可以逐渐撤出了。

## 开展评估

行为分析师用 4 天时间，在教室后面或在走廊里观察小健上课时的行为，以及小健与同学交流的方式，填写下面的直接行为观察表。

### 小健的直接行为观察表

姓名：小健　　　　　　　　　　观察时间：200X 年 4 月中旬，4 次
观察者：行为分析师　　　　　　观察场所：教室后面，走廊

【过度行为】

1. 在上课时自我刺激

① ABC 分析

| A | B | C | 功能 |
| --- | --- | --- | --- |
| 没有愉快的活动，没有感官刺激 | 自言自语，大声打哈欠，哼歌，抓挠身体 | 获得感官刺激 | 获得感官刺激 |

②动因操作：过度行为容易出现的情况/很难出现的动因包括：任务、活动、在场人员、时间等
睡眠不足的时候、皮肤过敏严重的时候，此类过度行为比较多

③行为测量：频率、强度、持续时间和潜伏时间

| 第 1 天 | 第 2 天 | 第 3 天 | 第 4 天 |
| --- | --- | --- | --- |
| 21 次 | 35 次 | 16 次 | 25 次 |

2. 学习任务较难时，会哭或大声说一些自我否定的话

① ABC 分析

| A | B | C | 功能 |
| --- | --- | --- | --- |
| 习题卷子发下来 | 伏在课桌上哭 | 不用做习题了，老师过来轻抚后背 | 逃避做习题，获得关注 |
| 解答习题 | 大声不停地说"我就是学不会""我是笨蛋" | 老师走过来说"没有这回事"，或给出习题答案 | 得到答案，获得关注 |

②动因操作：在做语文测验时容易出现，下午比上午更容易出现

③行为测量：频率、强度、持续时间和潜伏时间

| 第1天 | 第2天 | 第3天 | 第4天 |
|---|---|---|---|
| 强度：7/10 的强度<br>持续时间：6 分钟 | （没有课堂习题） | （没有课堂习题） | 强度：6/10 的强度<br>持续时间：7 分钟 |

3. 自顾自地与同学说话或一声不响地拿走对方的物品

① ABC 分析

| A | B | C | 功能 |
|---|---|---|---|
| 附近有同学的物品，但不在自己手里 | 不经允许拿走同学的物品 | 得到了没见过的新鲜物品 | 获得物品 |
| 同学出现在眼前，对方没有与自己打招呼或示意 | 自顾自地说自己喜欢的话题 | 同学点头或露出厌恶的表情 | 关注（可能性） |

②动因操作：课间休息时、当同学的对话内容对小健来说很难时

③行为测量：频率、强度、持续时间和潜伏时间

| 第1天 | 第2天 | 第3天 | 第4天 |
|---|---|---|---|
| 3次 | 1次 | 4次 | 2次 |

【适当行为：小健在当前的技能库里已经掌握的适当行为】

· 擅长解算术题，有时会自己主动做题
· 自顾自地说话的时候比较多，接近同学的时候或主动露出笑容的时候也比较多

【目前的支持与效果】

· 小健坐在教室最前排的中间
· 任课老师一个人处理
· 任课老师发出集体指令后，会对小健单独再发一次指令
· 在任课老师给小健的单独指令中，平均每4次小健才会听从一次，其他情况下小健只是在做自我刺激
· 提前完成习题任务的同学会时不时地来看一下小健的状态，有的时候会给予其帮助

【小健的强化物清单】

根据家长及班主任老师的信息,以及行为分析师的直接观察,小健的强化物清单如下。

| 强化物清单 | |
| --- | --- |
| 口头表扬 | "做得真好啊""OK!" |
| 肢体接触 | 和老师或同学击掌 |
| 活动 | 看书、玩电子游戏、做点心 |
| 具体实物、代币 | 棒球卡片、动漫人物贴纸、小红花、硬币 |
| 食物、饮料 | 自己做的点心、冰水 |

## 制订小健的 IEP

| 小健的个别化教育计划(IEP) | | |
| --- | --- | --- |
| 姓名:小健 | 出生日期:200X/6/2 | 制订者:行为分析师 |
| 班级:X 年级 5 班 | 年龄:11 岁 | 制订日:4/30 |

【可以共享本 IEP 的人】

家长、班主任老师、校长、保健老师、行为分析师

**影子老师**:行为分析师　　**班主任老师**:苍志玲　　**班级人数**:35 人

【特别事项】

**医学问题**:过敏性皮炎

**服药**:过敏严重时需服药

**其他**:每周有几天晚上入眠困难,会因睡眠不足而情绪不稳

【需要考虑的环境因素】

·当小健的睡眠不足时,不要求小健完成太多的难的习题,只让其做一些简单的学习任务
·为了让小健保持注意力,希望将他的座位安排在前排中央位置

【喜欢的物品／人／活动(能成为强化物的)】

口头表扬、击掌、OK 手势、小红花、贴纸、在休息时喝水、棒球卡片、玩电子游戏、制作点心

※ 正在开展的方案:使用任务程序表(代币表格)提示小健进行行为核查(小红花代币)
※ 小健获得积分后可以用积分交换在家里玩游戏的机会、棒球卡片和制作点心的材料

【学年目标】

围绕一个主题开展谈话时争取延长小健的参与时间,增加他玩游戏的时间,防止小健在班级里被孤立。

| 集体里的生活常规 | ·参与课上的学习活动,以减少自我刺激行为<br>·使用任务程序表核查自己的行为 |
| --- | --- |
| 语言／交流 | ·听从老师的指令,确保有 2/3 的时间积极参与课堂学习<br>·在对话开始时,学会使用"我来说说""我来换个话题"等启动用语<br>·在课堂小组讨论中,有 1/2 的时间能够参与进来 |
| 学业 | ·对自己不擅长的习题也不抗拒,在 2/3 的规定时间内,能够做习题<br>·在 2/3 的课堂学习时间里,能够积极地参与 |
| 闲暇活动 | ·能够理解班里最近流行的游戏的规则,可以参与游戏 5~10 分钟 |

【学期目标】

围绕一个主题开展谈话时争取延长小健的参与时间,增加他玩游戏的时间,防止小健在班级里被孤立。

| | |
|---|---|
| 集体里的生活常规 | • 能参与上课学习 10~15 分钟,并能够做课堂习题,以此减少抓挠身体及哼歌的时间<br>• 完成了适当行为和任务后,自己在任务程序表上确认并贴上小红花 |
| 语言/交流 | • 班主任老师发出信号准备开始讲话时,能够看向老师并听讲<br>• 老师最多向小健发出 2 次单独指令,他就能完成老师所要求的任务<br>• 不自顾自地与人说话,而学会先获得对方回应的信息,或先用提问形式征询对方的许可,如"可以××吗?"<br>• 对同学的言论、同学手中的物品或别人正在进行的活动,发表自己的评论,如"××真不错",还可以提问"那是什么?""那是在干什么?"以减少自顾自地闯入对话的行为<br>• 使用讨论卡等辅助材料(参见第 107 页和第 122 页)参与课堂小组讨论 10 分钟,记录对方的意见,表达自己的意见 |
| 学业 | • 当感觉习题太难时,向老师说"这个太难了"或坚持独立思考解题 5~10 分钟<br>• 能够执行课堂任务 5~10 分钟(看课本、抄板书、写下自己的思考、解题、举手、发言、对答案等) |
| 闲暇活动 | • 学习躲沙包游戏和踢球游戏的规则,可以在 20 分钟的游戏时间里参与 5 分钟 |

【过度行为的应对策略】

行为 1:学业习题较难时会哭或大声说自我否定的话
功能:逃避学业任务、获得任课老师的关注

目标行为：
①替代行为：不哭，向老师报告"老师，这个太难了""我不会做"
②适当行为：即使习题较难，也能坚持读题思考并解答 5~10 分钟

| A：行为即将出现时的情况 | C：行为发生后紧接着出现的后果 |
|---|---|
| **引导替代行为的方法**<br>· 问小健"题目太难时应该怎么说？"<br>· 示范表达"老师过来" | **维持替代行为的方法**<br>· 小健报告了题目太难后，老师给他一部分题目答案，或降低习题数量或难度 |
| **引导适当行为的方法**<br>· 在前一天或早上提前告知<br>· 预先说好可以做哪几道题<br>· 提示积分攒满了后可以交换哪些强化物 | **维持适当行为的方法**<br>· 根据解答习题的数量在任务程序表里贴上相应的小红花<br>· 小声口头表扬"很好""做完了呀""真棒" |

行为 2：自顾自地与同学说话，不声不响地拿走同学的物品
功能：获取对方的关注，获得同学的物品
目标行为：
①替代行为：使用"给我看看""这是什么？""我们一起玩好吗？"等要求用语
②适当行为：使用启动对话的用语，如"喂、喂""我来说说 ××"等。发表关于对方的活动及言论的感想

| A：行为即将出现时的情况 | C：行为发生后紧接着出现的后果 |
|---|---|
| **引导替代行为的方法**<br>· 提供语言辅助（"应该先怎么说？"）或示范（"请把那个给我看看"等）<br>· 出示提词卡片 | **维持替代行为的方法**<br>· 如果小健提出了要求，同学要善意地回应其要求 |
| **引导适当行为的方法**<br>· 提供语言辅助（先说"喂、喂"）或示范（"这是什么？"）<br>· 出示提词卡片 | **维持适当行为的方法**<br>· 同学给予小健更多回应和互动。老师及行为分析师表扬小健，如"你现在说得很好哦" |

## 执行学校影子老师支持方案

### 小健的学校影子老师支持服务将按照以下频率进行

- 初期：每周 3 次，每次 4 小时的影子老师支持服务
- 中期：每周 1~2 次，每次 3 小时的影子老师支持服务
- 后期：每周 1 次，每次 2 小时的影子老师支持服务

### 学校影子老师的具体支持方法

#### 引导并维持孩子参与上课的行为

行为分析师与任课老师讨论决定，在老师发出集体指令之前，先获取包括小健在内的全班同学的注意，可以先给出一个信号，如举起一只手表示"大家看我这里"。

在任课老师就要开始讲课时，行为分析师向小健提供语言辅助，或提供文字卡片等视觉提示，督促其关注老师说话。

运用这些方法，引导小健关注老师讲课并听从老师指令。在小健可以参与上课时，行为分析师可以小声表扬他"很认真！""听得很好啊"，或者在小健完成课题后，用和他击掌等方式给予正面反馈。

任课老师也可以不时地走近小健的课桌，表扬他完成习题和听从老师指令的行为。

班主任老师发出集体指令前，先给出提示，让大家注意自己。

如果他能够按照老师的指令完成任务，就用语言或手势表扬他。

### 引导并维持孩子参与讨论的行为

行为分析师和任课老师协作,制作如下的讨论提示卡,帮助小健参与小组讨论或全班讨论。

**讨论提示卡**

1. 和谁讨论? 本小组的全体成员
2. 讨论什么? 在班级板报上要写哪些内容
3. 别人的想法:外出游玩的回忆、大家喜欢的东西、未来的梦想
4. 自己的想法:最喜欢的食物、在学校里最喜欢的场所
5. 结论:在班报上确定要写的内容
   ① 外出游玩的回忆
   ② 10个最喜欢的学校场所
   ③ 10种最喜欢的午餐菜谱
   ④ 下雨天在教室里玩的好玩的游戏

### 引导小健持续做习题的干预办法

事前约定做到哪里为止、从会的题目开始答、觉得太难时应该对老师说什么等,让小健能安坐10~20分钟答题。

### 正面自我表达的示范

在小健做习题时,行为分析师或任课老师给予"太好了,做对啦"等鼓励,并作为语言示范让小健模仿,以帮助他不再哭闹或喊那些自我否定的话,激励自己安心做习题。

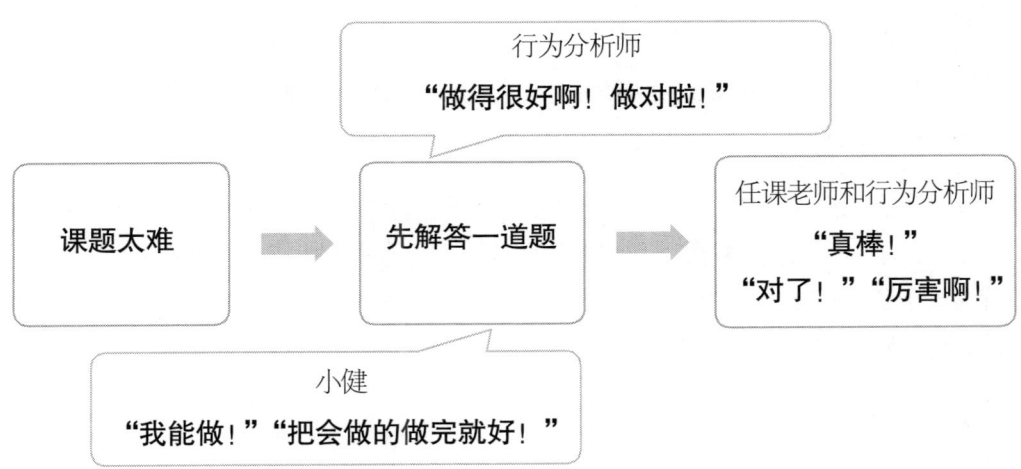

**消退做课题时自我否定的言语**

相反地,如果我们在减少了习题数量并引导小健先做简单习题的情况下,他仍然哭闹或说那些自我否定的话,这时候任课教师和行为分析师就应该停止刚才的关注,等小健平静下来后,继续引导他做习题,并引导他用语言向老师表达课题太难,进而逐渐消退那些问题行为。

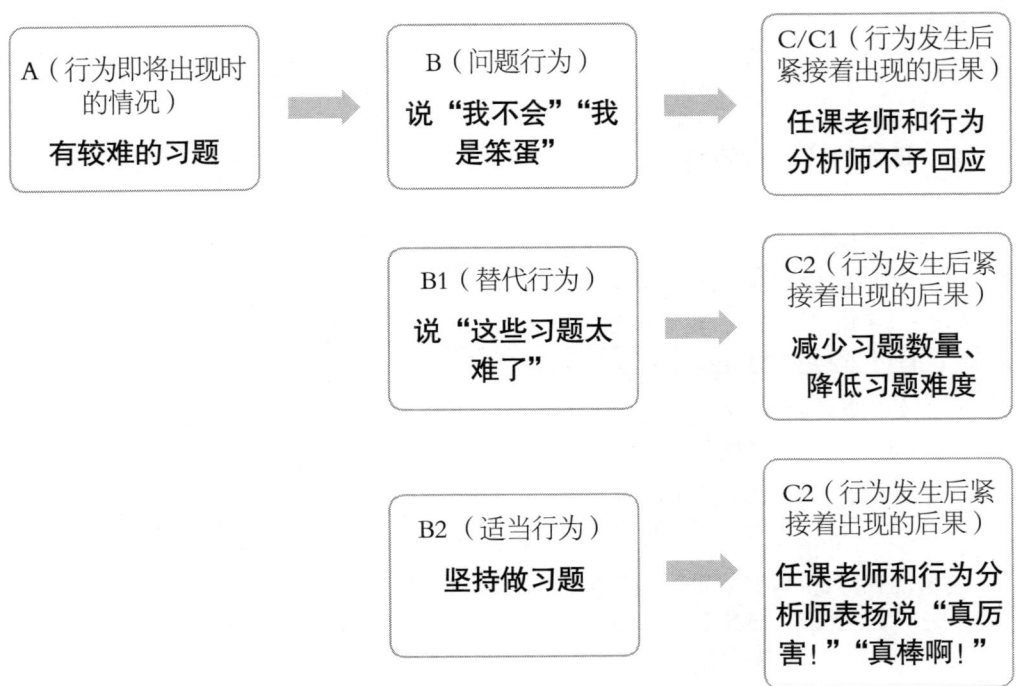

### 自我示范

进入影子老师支持服务的中期阶段后,行为分析师的干预开始逐渐减少,小健将更多地依靠任课老师的干预,以及自我鼓励保持他的适当行为。

在早上开始上课之前,让小健自己决定今天的积分目标,上课时,将任务程序表放在桌上,让小健自己定期核查。任课老师也掌握了行为分析师使用的方法,对小健的适当行为给予语言表扬,如"你现在的表现很好,可以得到一朵小红花哦",并引导他做这样的自我鼓励。

### 其他支持

- 准备多种选项:行为分析师与小健的家长讨论,准备多种小健喜欢的带有动漫人物的文具。在开始上课和做习题时,让小健自己选择要使用的文具,从而提高他上课和做习题的动力。

- 自己决定强化物:上课前,让小健自己选择完成目标时贴在任务程序表上的贴纸。这样,他参与上课的行为会更容易出现。

---

**任务程序表**

月　日

**遵守约定,攒满贴纸!**

1. 当老师说"看这里!"的时候,我看老师。
   | 1 | 2 | 3 | 4 | 5 | 6 | 7 | 8 | 9 | 10 |

2. 当我知道答案时,我就举手。
   | 1 | 2 | 3 | 4 | 5 | 6 | 7 | 8 | 9 | 10 |

3. 如果老师叫了"小健",我就回应"到"。
   | 1 | 2 | 3 | 4 | 5 | 6 | 7 | 8 | 9 | 10 |

4. 做题的时候,从会的部分开始做。
   | 1 | 2 | 3 | 4 | 5 | 6 | 7 | 8 | 9 | 10 |

5. 当我得到同学的帮助时,我要说"谢谢"。
   | 1 | 2 | 3 | 4 | 5 | 6 | 7 | 8 | 9 | 10 |

今天的目标:贴纸□个
攒满□个贴纸,得到游戏券!

**游戏券**
写完作业后玩
游戏30分钟
月　日

## 通过量化的数据观察小健行为的变化

行为分析师要一边执行影子老师支持方案,一边定期评估小健的一些行为。

### 参与上课的行为

行为分析师将小健在教室里参与上课的行为定义为按照老师的指令要求行动、写字、读书、与同学讨论、使用尺子等文具。使用定时震动的计时器,将40~45分钟的上课时间划分成每30秒一段,如果上述定义的那些行为能够持续30秒,就在记录表格上记录为"+",否则就记录为"-"。统计出影子老师支持下的全天记录的"+"的百分比,然后用图表展示出来。同时,行为分析师也要把为引导小健的适当行为而给出的辅助的次数用计数器记录下来。

这样,通过图表就可以看出,影子老师支持开始前,小健几乎没有出现参与上课的行为,而在影子老师支持开始后,这些行为增加了。

此外,我们还可以看出,在影子老师支持的后期阶段,当行为分析师的干预减少之后,小健参与上课的行为仍然维持在较高的水平。

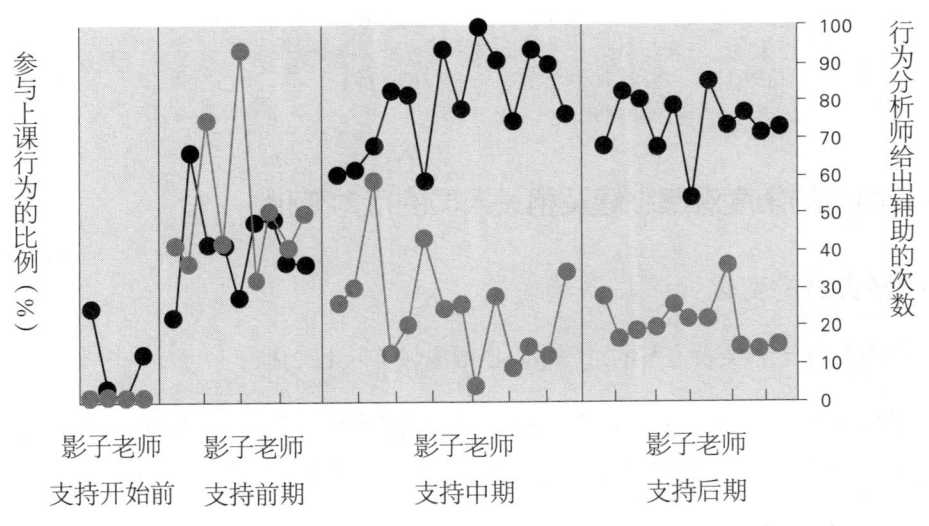

### 上课时的自我刺激行为

在影子老师支持中期，小健的自我刺激行为情况如下表所列，与影子老师支持开始前相比，这些行为减少了很多。我们可以认为小健参与上课的行为增加了，那么他花在自我刺激行为上的时间自然就减少了。

| 测量 | 第1天 | 第2天 | 第3天 | 第4天 |
| --- | --- | --- | --- | --- |
| 影子老师支持开始前 | 21次 | 35次 | 16次 | 25次 |
| 影子老师支持中期 | 6次 | 7次 | 9次 | 6次 |

### 学习任务较难时出现哭闹及说自我否定的话的行为

语文测验等较难任务到来时，小健会出现哭闹及说自我否定的话的行为，这些行为的情况如下表所列，可以看出，在影子老师支持前期，这些行为就基本上不再出现了。

| 测量 | | 第1天 | 第2天 | 第3天 | 第4天 |
| --- | --- | --- | --- | --- | --- |
| 影子老师支持开始前 | 强度 | （没有较难的学习任务） | （没有较难的学习任务） | （没有较难的学习任务） | 6/10 |
| | 持续时间 | | | | 7分钟 |
| 影子老师支持前期 | 强度 | 2/10 | 3/10 | 2/10 | 0/10 |
| | 持续时间 | 0.6分钟 | 0.5分钟 | 0分钟 | 0分钟 |

## 从生活质量的角度观察小健及相关人员的行为变化

### 小健自身的变化

在实施影子老师支持方案的过程中，小健出现了以下变化。

小健上课时能够自发地举手了，当被点名后能够发言了。面对以前不擅长的较难习题时，他也能表现出答出自己会的部分就好的积极应对姿态。

在休息时间和开始上课时，小健能够观察同学的行为并模仿了，能够参照集体行为调整自己的行为了。

### 任课老师的变化

和小健有接触的周围人员也出现了很好的变化。

任课老师不再需要重复下达多个指令了,而只需清晰地下达一个简短的指令就可以了。老师在发指令之前先给出一个明确的"看我这里!"的提示信号,就可以吸引全班同学的注意。

为了让小健也能举手发言,任课老师会时不时地提一些简单的问题。

此外,老师如今不只对小健一个人,而对全班同学都经常使用像"××,你做得真棒!"这样的正面评价了。

### 同学的变化

同学们通过观察影子老师的支持方法,也开始思考自己应该如何与小健相处了。同学们也会反过来给任课老师和行为分析师提建议,如"小健喜欢这个呀""这么说的话他更容易懂"。

在班级的小组讨论中,也经常可以看到同学主动询问小健,问小健有什么要讨论的主题,问他的意见是什么等,这为小健能参与小组讨论提供了有力的支持。

### 家长的变化

小健在学校里出现适当行为而攒够的代币积分,随后就可以回到家里以此交换游戏券。因此,小健的家长也在平时刻意地不再让他自由地玩游戏机了,他们会先将游戏机收到他看不到的地方,并亲自制作一些小健喜欢的游戏券。

这样,在日常生活中,家长便不再只着眼于小健做不到的事了,而是更多关注他努力去做的行为,并给予小健更多的鼓励和正面评价。

# 第 6 章
# 幼儿园和小学的调整、准备与协助

在以上各章我们介绍了影子老师必须掌握的 ABA 基本理论和基本方法,讲解了孩子在各个发育阶段中需要学习的基本技能,以及影子老师的实际干预方法。

**本章主题**:介绍家长和行为分析师在现实中开展学校影子老师支持方案时所需的必要手续、流程步骤、样本文件,与幼儿园或小学协商沟通的方法,以及为了最终影子老师的撤出而采取的与班主任老师相互协作的具体方法。

# 1 执行学校影子老师支持方案的主要流程

要执行影子老师支持方案,我们就应该事先了解以下流程步骤,以便能够更顺利地开展工作。

当然,以下流程只是大致框架,在与幼儿园或小学协商时,或进入学校后,又或升级换班后,我们可能会遇到更多的实际问题,需要我们具体地应对。

|  | 内容 | 时间和频次 |
| --- | --- | --- |
| 1 | 参观、考察并选择幼儿园或小学 | 在进入学校半年之前完成 |
| 2 | 与校长面谈 | 第1次:在进入学校3个月之前完成<br>第2次:在进入学校之前完成 |
| 3 | 与孩子一起练习上下学 | 进校前需要练习多次 |
| 4 | 在家里进行模拟上课 | 进校前需要练习多次 |
| 5 | 进行评估并制订IEP | 进校后1周左右 |
| 6 | IEP会议 | IEP制订后 |
| 7 | 向同班同学讲解影子老师的任务 | IEP会议后,在影子老师支持开始前 |
| 8 | 与校方商讨关于影子老师支持方案执行过程中的协作以及影子老师逐渐撤出时的注意事项<br>·影子老师前期阶段的支持<br>·影子老师中期阶段的支持<br>·影子老师后期阶段的支持<br>·随后的跟踪 | IEP会议后开始<br><br><br><br>·约1~2个月,每周3天以上<br>·约2~3个月,每周2天以上<br>·约3~6个月,每2周1天以上<br>·约半年到一年,每月1次左右 |
| 9 | 再次评估和对IEP进行修改更新,与班主任老师协商 | 影子老师支持开始约2周或1个月之后,可以根据情况适度调整 |

## 2 参观并选择幼儿园或小学

日本的幼儿园或小学通常在每年的 9~10 月办理申请入园或入学的手续，因此我们需要提前做好准备，最好在开学日期前的一两个月，完成对幼儿园或小学的考察和选择。

### 选择幼儿园的要点

在开学前可以花大约一个学期的时间，利用幼儿园开放日或上公开课等机会，去候选幼儿园做几次实地考察，看看校园的大小、玩具的多少，以及学校各方面的环境。

尤其可以留意沙坑等游戏场地，看看那里的小铲子和小桶多不多，是否容易引发争抢，教室里的玩具和教具是否规范化地摆放，这些都是需要确认的重点。

幼儿园的活动时间比例也很重要，如果孩子自由活动的时间过多，那么像安坐、回应集体指令、模仿小朋友等技能，学习起来就比较慢。而如果固定上课的时间太多，那么自发与其他孩子互动游戏的机会就会少一些。如果幼儿园不准备午餐，而要求自己带便当，那么这对于存在偏食问题的孩子是有利的，因为这可以降低他在集体环境中进餐的难度。

老师的数量也是确认的要点。除了班主任老师以外，再配有副班主任及两名自由活动的老师比较好。

### 选择小学的要点

日本公立学校的设置是固定派位的，也就是说家长有可能无法自己选择。如果因家人调动工作等需要变更学校，那么应该事先了解清楚当地政府可以提供怎样的支持，以及各学校是否有自己特有的制度。

有的地区与当地大学等教育研究机构合作，可以为孩子提供某些方面的专业支持。

# 3 与校长面谈

确定了学校后，家长和影子老师应该在开学日期前的 3～4 个月和开学前半个月左右时，分别与学校校长进行两次面谈。日本公立学校是每年 4 月开学，即家长和影子老师要在上一年 12 月底之前和当年 3 月底之前与校长面谈。

年底往往是学校比较忙碌的时期，可以选在幼儿园或小学放学后给校长打电话约时间，那时候学校老师才可能有空。

## 第 1 次面谈

第 1 次面谈时，家长不一定要带孩子去。家长自己或应要求和行为分析师一起去学校拜访，与校长交谈。家长应事先准备好谈话的主要内容，并归纳成通俗易懂的文字材料，在面谈时交给校长，方便对方明确话题，以便更顺利地进行交流。

### 家长向校方告知的内容

- 希望自己的孩子能进这个学校上学。
- 孩子在沟通、学业和生活自理方面存在发育落后和困难问题，所以想在开学前和校长商讨解决方法。
- 希望孩子进入普校学习生活的原因和益处。

### 行为分析师向校方告知的内容

如果行为分析师没有同行，那么下面几条内容可以由家长传达。

- 介绍在此之前的家庭干预中所使用的方法及成果。
- 在普通小学里学习时可能产生的问题及对策。
- 介绍影子老师支持方法（参考第 4 章、第 5 章、本章第 141 页）及益处（有效的支持方案将会改善孩子的行为，也会使班主任老师的工作更轻松等）。
- 其他老师和家长可能产生的疑问及应对方法（参考第 145-147 页）。

## 第 2 次面谈

第 2 次面谈时，应该尽量带孩子一起去，商讨并确认以下几方面的内容。

- 孩子目前具有怎样的沟通能力；提供怎样的支持可以让孩子出现更多的适当行为。

- 了解学校对影子老师支持方案存在哪些疑问，家长或行为分析师给出解释（常见问题请参考第 145–147 页的总结）。

- 确认校方对影子老师支持方案的许可。

- 签订影子老师支持方案承诺书并分发给相关人员。

- 明确在开学前孩子需要掌握的技能。

---

**影子老师支持方案承诺书**

日期：20×× 年 ×× 月 ×× 日

作者：

（　校名　）承诺，为了帮助（　孩子姓名　）在本校有效地学习，由校长、班主任老师、家长、行为分析师共同商讨决定，由（　影子老师姓名　）从（　）月（　）日开始执行影子老师支持方案。

（　影子老师姓名　）保证在影子老师支持方案的执行过程中，在所见所闻中涉及其他儿童的个人信息，绝不向外泄露。

必要情况下，校长、班主任、家长、行为分析师可随时再次商讨关于影子老师支持方案的执行情况以及孩子的个别化教育计划。

校名：
校长：
班主任老师：
家长：
行为分析师：

# 4 和孩子一起练习上下学

在开学前半个月内,影子老师每周可以与孩子一起沿着实际路线练习几次上学和放学,从家里走到学校,再从学校走回家里。需要注意检查下面表格中列出的项目;要确认上下学的路途环境中是否存在危险;要选择更有效的途中标志物;要了解孩子对交通规则的理解程度等。

进入小学后,家长或影子老师也可以尝试每天送到中途即可,或利用集体上学和家长教师联合巡逻的机会,在更为自然的条件下练习上下学,最后让孩子能够与几个小朋友一起上学或独立地上学;还可以采取逐渐减少陪送孩子的路途长度或在孩子身后拉开一段距离跟随陪送的练习办法。

| | |
|---|---|
| 去学校的路 | 走哪条路线最安全<br>学校规定的上学路线是否安全<br>熟悉上下学的路线(往返) |
| 信号灯和斑马线 | 是按钮式的还是计时式的 |
| 标志 | 孩子独立上学时可以用什么作为路途标志 |
| 需要时间 | 孩子独自行走,可以走多长时间和距离 |
| 交通规则 | 孩子是否理解交通规则,是否掌握了必要的安全技能<br>(信号灯/靠右行/等待/确认左右等) |
| 遇到困难时的应对办法 | 遇到困难时,具备向周围求助的技能吗?<br>(出示紧急联系卡片/找警察/打电话等) |

## 5 在家模拟上课

除了让孩子练习上下学,还应该在家里布置场景模拟学校上课,核查并练习各种技能。这样的模拟练习不能只让孩子一个人做,而是应该让家里的兄弟姐妹或者请几位邻居小朋友一起参加,从而更接近真实的集体环境。

### 幼儿园的模拟场景

| | |
|---|---|
| 穿脱鞋 | 在指定场所穿脱鞋<br>脱下来的鞋放进鞋柜 |
| 整理物品 | 从书包里拿出杯子及毛巾,放在标有自己名字的位置,并把书包放在指定场所 |
| 签到贴纸 | 把联络本拿出来,在当天的日期上贴上签到贴纸 |
| 参加集体游戏 | 确认自己是否做好准备,跟随集体玩玩具或去户外活动 |
| 饮食的准备 | 在桌子上准备好点心或便当,当大家一起说了"我开动了"之后再进食。不碰别人的食物和饮料,只吃自己的 |
| 收拾东西<br>切换场景 | 听从"××结束了""收拾干净"的指令,收拾东西或转换活动场所 |
| 洗手、上厕所 | 听从"去上厕所""去洗手"的指令,去上厕所或洗手 |
| 听从指令<br>模仿 | 听从集体指令并行动<br>模仿周围人的行为,自己也跟随着行动 |
| 玩具的借还 | 向别人借玩具时说"请借给我"并说"谢谢"<br>当别人说"借给我"时,说"给",并把玩具交给对方 |
| 儿歌 | 跟随大人的歌唱及动作,唱跳几首儿歌 |
| 保持安坐 | 椅子排成一排的情况下,也能安静地坐几分钟 |
| 被点名时回应 | 当自己的名字被叫到时,举手说"到" |

## 小学的模拟场景

除了幼儿园的那些场景之外，在上小学之前还需要设置做学业任务的场景并进行模拟练习。

| | |
| --- | --- |
| 分辨物品 | 分辨指定物品（课本、铅笔盒、笔记本等），把目标物品放在课桌上 |
| 起立、鞠躬、坐下 | 跟随指令练习起立、鞠躬、坐下的动作 |
| 举手发言 | 举手，被叫到时发言 |
| 朗读、默读 | 齐声朗读课文或默读 |
| 书写 | 在笔记本上写数字或字词 |
| 开始与结束 | 理解"从××处开始，到××处结束"，自己解答指定范围内的习题 |
| 传卷子 | 取出并留下一张习题卷子后，把剩下的传给后面的人 |
| 折纸 | 把B4纸或A4纸张对折 |
| 交作业 | 把指定的作业交到指定地方 |
| 排队走路 | 在走廊的一头排成一列，保持队列走一段距离 |
| 上厕所 | 使用蹲式厕所，排队等待上厕所 |
| 换衣服 | 按照体育课、体检、游泳课的要求，自己换衣服 |
| 加入集体 | 使用"我也要一起玩""给我看看""请借给我"等提要求的语言参与集体活动 |
| 道谢 | 得到帮助时说"谢谢" |
| 收拾东西 | 把桌上的书、笔记本、铅笔盒等物品放入抽屉 |
| 清扫 | 用扫帚扫垃圾，用抹布擦桌子 |

## 6 进行评估与制订个别化教育计划（IEP）

入学后，孩子经过一周左右的时间适应学校生活后，我们就可以进行评估了（访谈和直接行为观察）（参考第 53-62 页）。

尽管已经获得了校方对影子老师支持方案的许可，我们仍需做好准备，可以利用联络本等资料，再向学校就评估内容做一下说明，以便更为顺利地开展评估。

通过评估获得相关信息后，制订个别化教育计划 IEP（参考第 63-71 页）。

| | |
|---|---|
| 目的 | 简单说明评估目的，尤其要说明尚未评估之前不能马上开展支持工作，并解释原因 |
| 日期 | 评估从什么时候开始到什么时候结束，应通过联络本等书面形式向校方传达 |
| 方法 | 评估以访谈调查或直接行为观察的形式进行，向校方告知具体做法（访谈的对象、观察的场所、观察的时间等）。如果需要班主任老师或家长填写记录表格，应事先告知相关内容 |
| 工具 | 原则上，如果观察时需要使用一些记录工具，包括计时器和计数器等，应该事先说明用途 |
| 借用物品 | 如果需要办理入校通行证或申请桌椅等物品，可以事先向校方提出借用请求 |

# 7 IEP 会议

制订出 IEP 后,班主任老师或副班主任老师、其他相关老师、校长和影子老师方案执行者要在一起举行一场时长为 30 分钟到 1 小时的 IEP 会议。如有可能,可以在孩子上课的教室中举行这个会议,以便更好地实地体验孩子的学习生活环境。

会议可以围绕下表所列的、事先准备好的话题展开讨论,尤其是关于 IEP 的说明,应该做出细致且易懂的讲解,包括以什么作为目标行为,如何塑造目标行为,需要提供怎样的辅助,将使用什么作为强化物,如何给予强化,当问题行为出现时如何应对等,这些都是影子老师支持方案中的主干部分,也是最基本的内容,需要班主任老师和影子老师齐心协力,才能提供有效干预。

| 评估结果的报告 | 说明通过评估了解到的孩子当前在集体生活里所面临的问题和需要关注的重点,同时征询并确认班主任老师的意见 |
|---|---|
| IEP 的说明 | 根据 IEP,说明为了达到怎样的目标,将会对哪些行为采取何种方法进行塑造或矫正 |
| 协作关系的建立与保持 | 强调班主任老师与影子老师之间互相协作的重要性。可以通过双方的讨论决定班主任老师与影子老师之间怎样建立和保持具体的协作关系(联络本、5 分钟会议等,参考第 141-143 页),包括每天如何沟通和调整计划(联络本、5 分钟会议等,参考第 141-143 页) |
| 确认职责 | 以学校影子老师的逐渐撤出和班主任老师的积极进入为目标,双方共同讨论决定在干预中各自的职责(由谁来发个别化指令,由谁来呈现强化物等,参考第 141-143 页) |
| 环境调整 | 在影子老师支持方案开始执行前,如有可能,应该先调整教室的环境(如课桌的位置、视觉辅助工具的准备等) |
| 强化物的种类 | 选择影子老师可以使用的强化物种类,在选用时需要听取班主任老师的意见 |
| 向同学介绍 | 商讨如何向同班同学说明影子老师的工作任务和意义(参考第 139-140 页) |

# 8 向同学说明影子老师的任务和存在的意义

在开始执行学校影子老师支持方案之前，需要向孩子的同班同学讲解影子老师的任务内容和存在的意义，让同学们接受影子老师的存在，在影子老师的引导下一起提供支持，这也是很重要的。关于这些讲解没有固定的方法，其中重要部分应该与班主任老师商量。至少要向同学们说明以下的内容，争取同学的支持。

## 向幼儿园或小学低年级的同学说明

影子老师支持方案开始执行前，影子老师应该与班主任老师一起在班里专门找一个时间，向同学们问以下问题："你特别擅长和喜欢的事都有哪些？""你在家里需要爸爸妈妈帮忙的事有哪些？"同学们可能会说"早上穿衣服时要爸爸妈妈帮忙""洗头刷牙时要爸爸妈妈帮忙""睡觉时要爸爸妈妈拍着后背""饮料瓶的盖子要爸爸妈妈帮忙打开""写作业时要爸爸妈妈在边上一起写"等。然后，影子老师要向大家说明每个人都会有感觉困难的、自己一个人做不到的事。影子老师将要支持的那个特殊孩子也一样，他有自己擅长的事，也有自己一个人做不到的事，例如，他很喜欢电车玩具，但自己不会对小朋友说"请借给我"或"我们一起玩"；他在家里能自己上厕所，可在幼儿园需要大家的帮助才能上厕所；如果大家告诉他下一节是什么课，他就会更安心等。

## 向小学高年级的同学说明

影子老师和班主任老师可以利用上品德课的时间安排一次全班讨论。除了引导同学们想一想自己擅长和不擅长的领域之外，还可以讨论平日在路上会碰到哪些有障碍或有困难的人，讨论盲文、助听器、手语、导盲犬、轮椅等是给哪些有障碍或有困难的人使用的，说说这些东西为什么是必要的。然后告诉同学们，除了这些显而易见的障碍之外，还有哪些障碍是我们肉眼无法看出来的，有这些障碍的人是需要我们支持的。

以无法持续地保持注意力为例，引导同学们换位思考，说说自己的经验，如自己在家看喜欢的电视节目时，如果家人和自己说话，就会看得断断续续的；如果妈妈一次提出好几个要求，自己就会漏听或要求妈妈再说一遍，还往往会因为听得不够仔细而被妈妈提醒，这样的经历大家或多或少都有过。或者，还可以让同学们回想一下自己曾经有过的郁闷体验，如当自己无法清楚表达自己的心情或说不清自己心里的想法时，受到过小朋友的责备或误解。

然后要向同学们说明，影子老师将要帮助的孩子正是在这些方面比同学们有更多的困难。他虽然也想和大家在一起学习、玩耍和交谈，但做起来却很不容易。所以，他需要学校影子老师提供的支持，帮助他克服困难。这样，他就能和大家一起在班里愉快地学习了。

要用一些具体例子向同学们说明大家应该为特殊需要儿童提供哪些干预，告诉大家干预将会带来怎样的变化。尤其是关于问题行为，要简单易懂地告诉同学们，他为什么会出现这样的行为，这样的行为有怎样的意义，并要求全班合作，在应对问题行为时保持一致。并且还可以要求同学们，如果在学习玩耍过程中发现一个很有用的支持办法，一定要告诉班主任老师和影子老师。还要告诉同学们，这些干预方法不但对特殊需要儿童有效，对于其他同学，对于班主任老师也同样非常有效。无论是大人还是孩子，自己的所作所为能够给他人带来帮助，这本身就是很强大的强化物。

## 9 影子老师对支持方案的执行与撤出，影子老师与班主任老师的协作

影子老师在执行支持方案时，应该以自身的逐渐撤出为目标，要在与班主任老师建立良好的协作关系的同时，明确各自的职责及支持方法，共同经历以下几个实施阶段。

### 学校影子老师支持的前期阶段

#### 影子老师的职责

执行学校影子老师支持方案开始后的一两个月内，影子老师在需要支持的特殊需要儿童身边，提供高密度的支持，塑造孩子的适当行为，减少其问题行为。当孩子出现适当行为时，影子老师应该马上提供强化物，同时向班主任老师发信号（如举手等），以便班主任老师也能不时地提供强化物。

学校影子老师在开始支持后的2周到1个月时间内，应该进行一次IEP的修正工作（参考第92页、第144页）。如果有必要，就调整支持方法。

#### 班主任老师的职责

班主任老师要向接受支持的孩子发简短易懂的指令，同时要注意获取孩子的关注。孩子出现适当行为时，马上用孩子能理解的方式提供强化物。当其他同学也出现适当行为时，也应该同样地提供强化物，这对于特殊需要儿童与普通儿童在同一个班级里共同学习生活非常重要。

#### 协作方法

影子老师要尊重班主任老师自己的有效方法，并鼓励他积极使用自己的方法发出指令和提供强化物。影子老师应该在课间休息时或放学后特别安排与班主任老师几分钟的会晤，或利用交换联络本，对班主任老师的有效干预给予正面反馈，在这样的协作交流中可明确地谈论老师干预方法的调整会给孩子带来哪些变化。

## 学校影子老师支持的中期阶段

### 影子老师的职责

影子老师在距离孩子稍远的地方，逐渐减少辅助和单独指令的次数，让班主任老师更多地引导孩子的行为。可以在现场向班主任老师和同班同学示范，在孩子的问题行为即将出现的情况下，应该怎样引导替代行为或适当行为出现。

### 班主任老师的职责

班主任老师在发出简洁明了的指令以及对孩子的适当行为提供强化物的同时，进一步实施影子老师示范的有效介入方法。如果同学的关注或示范能引导孩子的适当行为，班主任老师可以告诉同学该在怎样的时间点介入并请他们执行这种干预方法，例如，如果关注是强化物，能增加适当行为，就在同学的面前表扬孩子，让同学也赞扬他，以此提供充足的关注。

### 协作方法

从前期过渡到中期时，影子老师应该与班主任老师讨论，明确采用怎样的支持方法实现过渡。对于问题行为的处理，不能只由影子老师单方面地示范，而是应该听取班主任老师的意见，思考更容易执行的支持方法。

## 学校影子老师支持的后期阶段

### 学校影子老师的职责

影子老师要离开孩子，在教室后面或走廊里进行支持。增加班主任老师或同班同学的支持机会，影子老师只在孩子出现的问题行为难以处理时，才靠近孩子提供支持，处理完问题行为后应该再次回到教室后面等远离孩子的位置上。

### 班主任老师的职责

班主任老师要继续提供有效干预。对于孩子的适当行为，应不时地呈现强化物以维持这些行为。对于问题行为，应在必要时与影子老师一起讨论并执行预防方案，了解强化哪些行为就可以减少问题行为。

### 协作方法

影子老师进入学校的次数减少了，因此要通过联络本等方式传递方法并与班主任老师开展协作。班主任老师可以每周做一次简要的汇报，如果有新问题出现，应争取在问题恶化之前就准备好对策。

## 跟踪阶段

### 影子老师的职责

可以按每月1次的频率，直接观察孩子的行为，也要观察班主任老师和同班同学与孩子的互动。顺利的时候，要分析确认这时候的具体表现是什么，大家是怎么做的。出现新问题的时候，要与班主任老师一起讨论应该如何应对。必要时，影子老师应该再次提供直接的支持。

### 班主任老师的职责

班主任老师要继续开展有效的干预，维持孩子已经出现的适当行为，同时与影子老师商定，如果孩子出现新问题，应该如何与其联系，以便讨论应对办法。

### 协作方法

班主任老师与影子老师讨论确认，目前为止，为孩子提供的支持让他的行为有了怎样的变化，今后会在怎样的情况下，会对哪些行为，还需要提供怎样的支持。班主任老师和影子老师尤其要对有效的支持方法及其效果做好具体的记录，从而在未来的升级、升学和换班等环境变化的情况下，也能继续对孩子提供有效的支持，另外还要一起讨论决定孩子出现新问题时的应对策略。

## 10 再评估与更新 IEP，以及与班主任老师面谈

学校影子老师在支持方案进行 2 周到 1 个月左右时，需要对记录进行总结。应该将支持取得的效果用图表等视觉方式展示出来，或逐条列举孩子的行为变化，即在什么方面出现了怎样的变化，都要条理清晰地描述。

学校影子老师与班主任老师和校长分享总结报告，以第 141-143 页的内容作为参考，与校方讨论如何着手撤出支持。

在干预有效的情况下，需要讨论为了继续维持干预效果应该进一步提供怎样的支持，以及怎样将支持的主体从影子老师逐渐地转变为班主任老师，即在普通班级中用普通形式进行支持。

当出现干预无效的情况或出现新问题时，学校影子老师应该再次进行行为观察，讨论分析行为出现的环境因素及其功能，从而考虑新的应对策略并对 IEP 进行修改和更新。

| | |
|---|---|
| 学校影子老师支持的中期报告 | 用图表等视觉形式和描述性的语言做总结，说明哪些行为出现了怎样的变化 |
| 效果的维持 | 干预有效的情况下，讨论对策，在干预主体从影子老师向班主任老师转变的过程中，使班主任老师能够提供维持干预效果的支持 |
| 新问题的处理 | 出现新问题时，再次进行评估，讨论处理方法，更新 IEP |

## 11 常见问题的处理

在学校影子老师支持方案的执行过程中，有时影子老师会与学校之间产生一些典型的问题。我们可以尝试采用以下处理方法，继续为孩子提供 ABA 干预。

**Q1** 家长或行为分析师进入教室，是否会分散其他同学的注意力，进而干扰学习。

**A** 一开始，其他同学可能会在意影子老师的存在，但通过与班主任老师共同商量和调整后，同学们会自然地将注意力集中在自己的课堂学习上。例如，在学校影子老师方案执行前，向同学们说明影子老师的目的（参考第 139-140 页）；对特殊孩子的座位做些调整，以便影子老师能够在不显眼的位置提供支持。为了让全班同学的注意力集中在任课老师而不是影子老师身上，还可以请任课老师在需要全班关注自己时，先发出提示信号，如果同学们跟随信号关注了任课老师，就会得到表扬。

**Q2** 班主任老师是否会觉得自己被家长或行为分析师观察/评价，从而无法专心授课。

**A** 学校影子老师在开始支持前，与学校充分讨论，并与老师组成协作团队，就能够较好地解决这个问题。学校影子老师的目的不是为了评价老师，而是为了让特殊孩子在学校增加适当行为。影子老师将会采取哪些方法，要达到怎样的目的，都应该与老师充分地讨论，这非常重要。与班主任老师相互交流意见及建议的同时，应确认各自的职责，作为团队为孩子提供支持时，要以团队合作的形式做事，这也非常重要。

应向老师说明，执行学校影子老师支持方案，不但不会增加班主任老师的负担，而且会减少面对需要特殊支持的孩子时产生的心理、身体和时间方面的压力，当孩子的行为得到改善时，任课老师自身也会获得更为轻松的体验。

**Q3** 对孩子的行为使用奖励，是否会削弱孩子的学习欲望。

**A** 这也是家庭干预中常听见的质疑。首先，我们可以换位思考一下，我们成人的劳动也需要金钱报酬。可是，有的孩子对周围的语言夸奖和别人的笑容等社会性强化物无感，无法带来"成功了！""好开心！"的效果，对于这类孩子，我们可以先从玩具或贴纸等他更容易表现出开心的强化物开始，逐渐地塑造行为。同时，我们还应该注意，要让孩子能够随时获得来自周围人的表扬和笑容，从而培养孩子的自我赞许能力，使强化物逐步从实物形式过渡到更为自然的社会性形式时，依然能够塑造和维持行为。

**Q4 学校影子老师的支持什么时候可以结束？**

A 这要看孩子学习能力的进展，还要看孩子需要哪种程度的支持。至少，影子老师在支持方案开始之初就应该与班主任老师协作，共同想办法，尽可能在更早的阶段就让孩子在更自然的环境（即由班主任老师和同学提供支持）中学习适当行为，适应集体生活。如果孩子虽然仍需要支持，但班主任老师和同学已经能够在一定程度上提供适当的支持了，那么我们就可以认为孩子不再需要影子老师了。所以，为了尽早实现这个目标，老师、家长和影子老师应该作为协作团队为孩子提供支持。

**Q5 什么时候、如何向其他同学的家长说明学校影子老师支持方案？**

A 也许不必通过书面形式说明。影子老师可以与班主任老师商量，利用公开课之后的家长座谈会的机会，花几分钟时间，先简单地介绍一下孩子的情况或努力方向，再介绍学校影子老师的任务目的和支持方式。要向其他家长强调，学校影子老师在执行支持方案的过程中，不会将自己听到、看到的涉及其他孩子的相关信息泄露出去。

**Q6 在学校出游、运动会、音乐会或公开课等特殊活动中，影子老师应该怎么做？影子老师可以随行支持吗？**

A 首先，遇到这些与常规课程不一样的活动时，影子老师应该事先向班主任老师获取时间表和活动内容。如果只依靠学校老师就可以提供支持，那么影子老师在与班主任老师商量具体支持办法后，还应该请求校方提供一定的支持。如果出游时吃自带的便当，那么可以在家里预先练习几次相关的技能。

参加运动会和音乐会等活动时，相关的技能通常会在事先就有多次的学习机会。因此，影子老师可以在练习时就提供支持，帮助孩子掌握适当行为，在活动当天，只提供最低程度的支持，以便让孩子更多地发挥自己学习的成果。

在孩子参与公开课活动时，影子老师可以与班主任老师商量，如果允许学校影子老师在场，那么按平时的做法提供支持就好。

**Q7 之前的家庭 ABA 干预中，孩子掌握了以语言为中心的很多技能。如今在集体环境中，希望孩子能继续应用已掌握的技能，但是不知道学校老师是否理解 ABA。我应该如何向老师说明并获得理解和认同呢？**

A 有的老师会积极学习认真阅读各种关于 ABA 及特殊教育的书籍，但也有的老师不是这样。如果是前者，那么我们在尊重老师自己的支持方法的前提下，也许更有机会与老师建立协作关系，从而更好地为孩子提供支持。如果是后者，那么就算使用严谨的专业术语介绍 ABA 或推荐一些书籍请求老师看书后照着做，只怕也很难得到理解。

所以，我们不如从老师每天的干预和孩子的反应中找出一些具体事例，从那些干预成功的部分入手，尽量不使用专业术语向老师具体说明"您如果这样做就会有这样的成效，好多事情都是这样啊"。在请老师加以干预时，对于老师已经做出的有效干预，请求他继续那么做，而对于其他情况，可以按老师习惯的做法继续处理，只是请老师在孩子有适当行为时给予更多的、更热烈的表扬。我们要先从老师自己比较容易做出的干预办法入手，一点一点地推动，这样难度就会降低一些。

**Q8** 孩子幼儿园的老师说"要想提高孩子的主动性，就要等孩子自己行动"。但是我们家孩子就算一直等下去只怕也不可能自己行动，我该怎么办？

**A** 注重培养孩子的主动性或"自己行动"的老师非常多。当然，这对有些孩子来说也许是很好的，可以培养孩子在不同环境中也能积极行动的好习惯，但是，我们要明确这里所说的"主动性"和"自己行动"具体指的是什么。

无论是什么样的孩子，他们的行为的出现都是因为存在 A（行为即将出现时的情况）和 C（行为发生后紧接着出现的后果）的环境因素的作用。如果一个孩子认识钟表，那么他在上课之前看了钟表之后回到教室，行为的后果也许就是可以及时上课。擅长察言观色的孩子，看见老师生气的表情，也许就会马上回到座位坐下。有的孩子会在未安排活动的情况下自己去玩或去学习，可以从中获得"我成功了！""好开心！"等内在的喜悦。这些行为也许会被看作是主动性的而被赞赏，但是如果没有来自环境的作用，它们就不会出现。

需要特殊支持的孩子，如果也能根据"到时间了""老师要说话了"和写有"下一节课是体育"的活动时间表等提示，做出"进教室""好好听"和"去上体育课"等相应行为，也就是"自己行动"，他们是否也同样应该得到赞赏呢？

重要的是，对每个孩子来说，引发行为和维持行为后果的环境因素都是不同的。怎样的环境作用下能够引发孩子"自己行动"，对每个孩子来说都不相同。有了这样的基本认识，也就能理解为每个孩子提供量身定制的个别化支持的重要性。

我们可以向幼儿园老师解释，能够引发孩子自发行为的环境因素对每个孩子来说都是不同的，然后与老师一起讨论，对这个孩子来说，具体要在怎样的环境设置下才能让他"自己行动"，才能培养他的主动性并付诸实践，这非常重要。

# 附录

## 学校影子老师支持工具

展示学校影子老师支持方案中一些必要的评估工具和 IEP 样本文件,以及在执行过程中可能使用的便携教具。

使用这些工具时应根据孩子的具体情况做必要的调整。

(关注华夏特教微信公众号,可免费获取附录中的电子版资源)

# 评 估 工 具

## 访谈表

| 姓名： | 出生日期： | 记录日期： |
| --- | --- | --- |
| | 实际年龄： | 记录人： |

诊断名：　　　　　　　　　　　　　班主任老师：
健康问题：无 / 有（　）
服药：无 / 有（　）
其他：

【一周的主要作息】

|  | 周一 | 周二 | 周三 | 周四 | 周五 | 周六 | 周日 |
| --- | --- | --- | --- | --- | --- | --- | --- |
| 白天 | | | | | | | |
| 放学后 | | | | | | | |

【饮食】　偏食：无 / 有　　零食：无 / 有　　过敏：无 / 有

|  | 时间 | 内容 | 食量 | 在场人员 | 备注 |
| --- | --- | --- | --- | --- | --- |
| 早晨 | | | | | |
| 上午 | | | | | |
| 中午 | | | | | |
| 下午 | | | | | |
| 晚上 | | | | | |

【睡眠】　节奏：安定 / 不安定　　有无午睡：无 / 有

入眠时间：　　　　　　　　　　起床时间：

【目前在集体里的情况】

| 集体场景 / 情况 | 有无支持 | 其他 |
| --- | --- | --- |
| 上学 | 独立 / 集体 / 有支持（　　　） | 理解交通规则：是 / 否 |
| 教室里 | 是 / 否（　　　　　　） | |
| 休息时间 | 是 / 否（　　　　　　） | |
| 自带午餐 / 学校统一午餐 | 是 / 否（　　　　　　） | |
| 收拾整理 / 清扫 | 是 / 否（　　　　　　） | |
| 放学 | 独立 / 集体 / 有支持（　　　） | |

## 【擅长 / 不擅长的领域】

|  | 擅长的领域 | 不擅长的领域 |
|---|---|---|
| 手工 |  |  |
| 运动 |  |  |
| 阅读理解 |  |  |
| 写字 |  |  |
| 口语 |  |  |
| 数学计算 |  |  |
| 注意力的保持 |  |  |
| 生活自理 |  |  |

## 【支持资源 / 有效的介入方法】

|  | 现有的支持（有 / 无）与显示有效的干预方法 |
|---|---|
| 同学 |  |
| 老师 |  |
| 支援老师 |  |
| 工具 |  |

## 【过度行为】

| 行为 | 频率 / 强度 / 持续时间 / 潜伏时间 | 高发情况 / 在场人员 / 时间 |
|---|---|---|
|  |  |  |
|  |  |  |
|  |  |  |
|  |  |  |

## 【缺乏行为】

| 行为 | 在什么情况下不易出现 / 在场人员 / 时间 | 在什么情况下容易出现 / 在场人员 / 时间 |
|---|---|---|
|  |  |  |
|  |  |  |
|  |  |  |

## 【已掌握的交流行为的种类】

| 听到指令可以执行的接受性语言种类 |  |
|---|---|
| 能够向他人表达的主动性语言种类 |  |
| 看到后能够理解的手势或图片 |  |

## 【强化物清单与强度顺序】

| 强度顺序 | 最喜欢 | 很喜欢 | 比较喜欢 | 一般喜欢 |
|---|---|---|---|---|
| 喜欢的人的口头表扬 |  |  |  |  |
| 喜欢的肢体接触 |  |  |  |  |
| 喜欢的活动或游戏 |  |  |  |  |
| 喜欢的玩具 |  |  |  |  |
| 喜欢的触感、颜色、光、声音 |  |  |  |  |
| 喜欢的食物 |  |  |  |  |
| 喜欢的特权 |  |  |  |  |
| 喜欢的贴纸、硬币 |  |  |  |  |

## 学校技能确认表

| 学校技能 | | 确认 | | |
|---|---|---|---|---|
| | **上课时的基本行为** | ✗ | △ | ✓ |
| 1 | 区分不同物品<br>□课本　□笔记本　□铅笔盒　□铅笔　□红铅笔<br>□橡皮　□直尺　□垫板　□习题集　□联络本<br>□作业　□午餐袋　□算术教具　□音乐教具　□在学校穿的鞋 | | | |
| 2 | 进教室后，从书包里拿出需要上交的作业放到指定位置<br>□整理物品　□家庭作业　□联络本　□要上交的物品 | | | |
| 3 | 根据不同的上课科目，从抽屉里拿出学习用品并放好 | | | |
| 4 | 做放学前准备，将物品放进书包里 | | | |
| 5 | 安坐30分钟以上 | | | |
| 6 | 不交头接耳，只在被要求发言的时候说话 | | | |
| 7 | 前面的人传卷子过来时，取出一张留下，然后将剩余卷子传给后面的人 | | | |
| 8 | 折好卷子夹进联络本或文件夹里 | | | |
| 9 | 用手在空中比画着写字 | | | |
| 10 | 抄板书 | | | |

| | **听从/回应：对老师及同学发出的指令或话语，做出适当反应** | ✗ | △ | ✓ |
|---|---|---|---|---|
| 1 | 听到"把××拿出来"时，可以正确地把教材拿出来 | | | |
| 2 | 听到"把××放好"时，可以收拾教材并放好 | | | |
| 3 | 听到"翻到第××页"时，可以翻到指定页数 | | | |
| 4 | 听到"第××页第××行"时，手指可以指向书的正确位置 | | | |
| 5 | 与同学一起齐声朗读课文 | | | |
| 6 | 要求默读时，可以不出声地看书 | | | |
| 7 | 老师问"谁会？""谁懂了？"时，能理解问题并举手 | | | |
| 8 | 听懂老师及同学的简短指令并正确回应 | | | |
| 9 | 听懂老师及同学的较长指令或说明并正确回应 | | | |
| 10 | 老师说"结束！""放下笔"时，可以停止书写 | | | |

| | | 上课发言的行为 | ✗ | △ | ✓ |
|---|---|---|---|---|---|
| | 1 | 被叫到名字时，回应并站起来发言 | | | |
| | | □被要求"再说一次"时，再重复一次相同的内容 | | | |
| | | □被要求"大声说"时，提高自己发言的音量 | | | |
| | 2 | 发言后坐下 | | | |
| | 3 | 站到全班同学的面前讲话 | | | |

| | | 完成考试和做习题的行为 | ✗ | △ | ✓ |
|---|---|---|---|---|---|
| | 1 | 在笔记本、习题册或发下来的卷子上写姓名、答题、写出观点等 | | | |
| | 2 | 默读习题 | | | |
| | 3 | 在适当的位置上写下自己的答案或观点 | | | |
| | 4 | 答完题后检查 | | | |
| | 5 | 根据老师和同学的发言内容检查并评判自己的答案是否正确 | | | |
| | 6 | 根据老师和同学的发言内容修改自己答错的题 | | | |
| | 7 | 测验和练习结束后交卷子 | | | |

| | | 根据课程表或学习任务流程调整自己的行为 | ✗ | △ | ✓ |
|---|---|---|---|---|---|
| | 1 | 参与每日的校内各项活动 | | | |
| | | □晨读课　□晨会班会　□收听校内广播　□参加课后兴趣班 | | | |
| | 2 | 在音乐室、实验室、生活教室等各个不同教室中的表现 | | | |
| | | □带上相应的教科书、笔记本、文具等去相应的教室 | | | |
| | | □准备好需要的教学用具　□坐到规定的座位上　□收拾教具 | | | |
| | 3 | 体育课前换好规定的衣服去指定的场所 | | | |
| | 4 | 课间休息时上厕所 | | | |
| | | □去厕所　□洗手　□擦干手　□整理仪表 | | | |
| | 5 | 准备午餐、吃午餐 | | | |
| | | □在课桌上放好午餐桌布和筷子 | | | |
| | | □做午餐值日生时，按规定去午餐室排队取餐等 | | | |
| | | □发午餐　□吃饭时不撒饭菜　□餐后收拾整理 | | | |
| | 6 | 完成分配给自己的清扫任务 | | | |

✗：不会　　△：可在辅助下完成　　✓：可独立完成

## 直接行为观察表

姓名：　　　　　　　　　　　观察者：
观察日期：　　　　　　　　　观察场所：

【过度行为】

① ABC 分析

| A | B | C | 功能 |
|---|---|---|---|
|   |   |   |   |

②动因操作：过度行为容易出现／很难出现的动因包括：任务、活动、在场人员、时间等

③行为测量：频率、强度、持续时间和潜伏时间

| 第1天 | 第3天 | 第3天 | 第4天 | 第5天 |
|---|---|---|---|---|
|   |   |   |   |   |

【适当行为：当前技能库中已掌握的适当行为】

【目前的支持方法和效果】

# 行为测量表

## 【频率】

标准:行为频率

观察的目标行为:　　　　　　　　　　　　　　观察者:

　　　　　　　　　　　　　　　　　　　　　　观察方法:划正字 / 计数器

| 日期 | 观察场所 | 频率 |
|------|----------|------|
|      |          |      |
|      |          |      |
|      |          |      |
|      |          |      |
|      |          |      |
|      |          |      |

## 【强度】

标准:每次行为出现时的强度情况

观察行为:　　　　　　　　　　　　　　　　　观察者:

| 日期 | 观察场所 | 强度尺度 |
|------|----------|----------|
|      |          | 1 2 3 4 5 6 7 8 9 10　最弱 — 最强 |
|      |          | 1 2 3 4 5 6 7 8 9 10　最弱 — 最强 |
|      |          | 1 2 3 4 5 6 7 8 9 10　最弱 — 最强 |
|      |          | 1 2 3 4 5 6 7 8 9 10　最弱 — 最强 |
|      |          | 1 2 3 4 5 6 7 8 9 10　最弱 — 最强 |
|      |          | 1 2 3 4 5 6 7 8 9 10　最弱 — 最强 |

【持续时间】

标准：每次行为出现时的持续时间

观察的目标行为：　　　　　　　　　　　　观察者：

观察方法：时钟 / 计时器

| 日期 | 观察场所 | 持续时间 |
|---|---|---|
|  |  |  |
|  |  |  |
|  |  |  |
|  |  |  |
|  |  |  |

【潜伏时间】

标准：从引发行为的条件出现到行为出现的时间

观察的目标行为：　　　　　　　　　　　　观察者：

观察方法：时钟 / 计时器

| 日期 | 观察场所 | 引发行为的条件出现时间 | 行为开始时间 | 潜伏时间 |
|---|---|---|---|---|
|  |  |  |  |  |
|  |  |  |  |  |
|  |  |  |  |  |
|  |  |  |  |  |
|  |  |  |  |  |

# 个别化教育计划（IEP）样本

## IEP（学龄前儿童用）

姓名：　　　　　　　出生日期：　　　　　　　制订者：
班级：　　　　　　　年龄：　　　　　　　　　制订日期：

【可以共享本 IEP 的人】

影子老师：　　　　　班主任老师：　　　　　　班级人数：

【特别事项】

医学问题：
服药：
其他：

【需要考虑的环境因素】


【喜欢的物品 / 人 / 活动（能成为强化物的）】


【学年目标】

| | |
|---|---|
| 集体环境中的学习生活常规 | |
| 语言 / 交流 | |
| 游戏 | |
| 学业 | |

## 【学期目标】

| | |
|---|---|
| 集体环境中的学习生活常规 | |
| 语言 / 交流 | |
| 游戏 | |
| 学业 | |

## 【过度行为的应对策略】

行为：
功能：
目标行为：
①替代行为：
②适当行为：

| A：行为即将出现时的情况 | C：行为发生后紧接着出现的后果 |
|---|---|
| 引导替代行为的方法 | 维持替代行为的方法 |
| 引导适当行为的方法 | 维持适当行为的方法 |

## 【行为的测量方法】

## IEP(学龄儿童用)

| 姓名: | 出生日期: | 制订者: |
| 班级: | 年龄: | 制订日期: |

【可以共享本 IEP 的人】

影子老师:　　　　　　班主任老师:　　　　　　班级人数:

【特别事项】

医学问题:
服药:
其他:

【需要考虑的环境因素】

【喜欢的物品/人/活动(能成为强化物的)】

【学年目标】

| 集体环境中的学习生活常规 | |
|---|---|
| 语言/交流 | |
| 游戏 | |
| 学业 | |

【学期目标】

| 集体环境中的学习生活常规 | |
|---|---|
| 语言/交流 | |
| 游戏 | |
| 学业 | |

【过度行为的应对策略】

行为：

功能：

目标行为：

① 替代行为：

② 适当行为

| A：行为即将出现时的情况 | C：行为发生后紧接着出现的后果 |
|---|---|
| 引导替代行为的方法 | 维持替代行为的方法 |
| 引导适当行为的方法 | 维持适当行为的方法 |

【行为的测量方法】

# 调整引导行为出现的环境条件
# （A：行为即将出现时的情况）

## 环境确认清单

检查以下项目，确认现有环境是否能让适当行为更容易出现。如果环境条件存在不足，需要进行必要的调整。

### 幼儿园

| 杂乱环境的整理 | 环境是否整洁，是否有随意乱放的、可能诱发孩子产生混乱或出现恐惧反应的物品（吸尘器或剪刀等尖锐物） |
|---|---|
| 个人物品的区分 | 孩子自己带来的物品和柜子是否有方便区分的记号 |
| 玩具的收纳分类 | 玩具的收纳分类是否可以让孩子在视觉上更清楚各种玩具的摆放位置 |
| 有利于生活自理技能塑造的环境 | 环境布置是否有利于上厕所后洗手和擦手、在外玩耍后的洗手，以及漱口等生活自理技能的塑造 |

### 小学

| 座位的位置 | 是否能看清老师和黑板，能听清老师说话 |
|---|---|
| 可做出示范的同学 | 邻桌或前面同学是否能够做出示范性的适当行为 |
| 分散注意力/引起混乱的环境因素 | 检查教室里的张贴画、教室外的风景、噪音，以及孩子的座位是否靠近窗或走廊等环境因素，确认其是否容易导致孩子注意力不集中或引起混乱，以及是否需要调整 |
| 一目了然的提示 | 是否提供了每日或每小时的时间表或任务表，可以让孩子在视觉上获得简明的提示 |
| 明确的规则提示 | 是否经常提供具体而明确的规则提示，如"先做××" |

## 视觉辅助清单

### 1. 课程表

事先了解每天的课程安排，使孩子有目标地做好相应准备，这对减少问题行为，引导适当行为很有帮助。

| 时间 | 课程 | 地点 | 准备 |
|---|---|---|---|
| 1 | | | |
| 2 | | | |
| 3 | | | |
| 4 | | | |
| | 午餐 | | |
| | 大扫除 | | |
| 5 | | | |
| 6 | | | |
| 测验：第（　）节课有（　）测验。 | | | |

## 2．图卡

可以将集体活动中必要的行为简明地画出来，作为孩子的提示卡，让适当行为更容易出现。也可以用照片制作这样的卡片。卡片下面可以简单明了地用文字标注出适当行为。也可以让孩子用卡片向他人表达自己的要求。

3. 指令卡

将课堂上的常用指令制成每张一个指令的卡片，打孔并用环串起来。在有必要引导孩子的行为时，用以提醒孩子，如在问题行为即将出现时，可以将指令卡片出示在孩子眼前。

## 语言辅助清单

### 1. 直接语言辅助

向孩子传达班主任老师发出的指令内容,提示应该做出的行为,或告知答案等,用语言引导孩子的正确行为出现。

| |
|---|
| "把课本翻到第 ×× 页""答案是:3" |
| "去洗手""换鞋、出去" |
| "说'谢谢'" |

### 2. 间接语言辅助

用语言向孩子传递线索,提示孩子这时候应该做什么。

| |
|---|
| "老师现在要说话了""看老师" |
| "现在该做什么了?""旁边的同学在做什么?" |
| "老师刚才说什么了?""用笔记本来做什么?" |

## 手势辅助清单

给孩子身体动作的提示,引导适当行为的出现。

| |
|---|
| 指一指课本,做出翻书的手势 |
| 拍一拍孩子的肩膀,并指向任课老师 |
| 用手指向还没收拾的玩具 |

# 确定目标行为的教学步骤（B）

## 任务分析表

对于复杂任务，可以分解成多个行为步骤，运用逆向串链或正向串链的方法帮助孩子掌握。

| 步骤 | 任务分解 | ✗ 不会<br>△ 可在辅助下完成<br>✓ 可独立完成 |
|---|---|---|
| 1 | | |
| 2 | | |
| 3 | | |
| 4 | | |
| 5 | | |
| 6 | | |
| 7 | | |
| 8 | | |
| 9 | | |
| 10 | | |

## 给孩子自己用的任务分析表

将复杂的任务分解成一系列的行为步骤，列在表格中，让孩子也能看明白并用它来自我检查，以更好地塑造和保持目标行为。

| | 早上的准备任务 | 完成了吗？ |
|---|---|---|
| 1 | 脱鞋，把鞋放进鞋柜，穿上在学校里穿的鞋 | |
| 2 | 进教室，对大家说"早上好" | |
| 3 | 从书包里拿出必要的物品，放进课桌里 | |
| 4 | 把午餐袋挂在课桌边 | |
| 5 | 把书包放进柜子里 | |
| 6 | 把作业和联络本放在老师桌上 | |
| 7 | 在老师来之前，坐着看书 | |

| | 清扫教室 | 完成了吗？ |
|---|---|---|
| 1 | 把桌椅搬到教室后面 | |
| 2 | 教室前面：用扫帚把垃圾扫在一起 | |
| 3 | 教室前面：把扫在一起的垃圾扫进簸箕里，倒进垃圾箱 | |
| 4 | 教室前面：打湿拖布，拧干 | |
| 5 | 教室前面：用拖布擦地板 | |
| 6 | 把桌椅搬到教室前面 | |
| 7 | 教室后面：用扫帚把垃圾扫在一起 | |
| 8 | 教室后面：把扫在一起的垃圾扫进簸箕里，倒进垃圾箱 | |
| 9 | 教室后面：打湿拖布，拧干 | |
| 10 | 教室后面：用拖布擦地板 | |
| 11 | 把桌椅搬回原处 | |
| 12 | 将扫帚、簸箕、拖布放回原位 | |

# 强化适当行为
# （C：行为发生后紧接着出现的后果）

## 学校影子老师可以使用的强化物

### 1. 表扬用语清单

如果翻来覆去就那么两句夸赞的话，孩子会听腻，因此应该准备多种多样的表扬用语。可以尝试下表中的例子，看看哪些夸赞对孩子更有感染力，再继续找一些自己独特的表扬用词。

| 真厉害！ | 太好啦！ | 真棒！ | 太聪明了！ |
| --- | --- | --- | --- |
| 好快！ | 很不错！ | OK！ | 看得很好！ |
| 好帅！ | 做好啦！ | 好极了！ | 好运气！ |
| 太开心了！ | 完美！ | 好漂亮！ | 小红花！ |
|  |  |  |  |
|  |  |  |  |
|  |  |  |  |

### 2. 其他强化物清单

除了口头表扬之外，还应该使用多种形式的强化物。

| OK 手势 | 竖大拇指 | 拍手 | 笑容 |
| --- | --- | --- | --- |
| 击掌 | 挠痒痒 | 举高高 | 拥抱 |
| 印章 | 打对钩记号 | 小红花 | 100 分记号 |
|  |  |  |  |
|  |  |  |  |
|  |  |  |  |

## 代币表

### 任务卡

姓名：_____ ___月___日

| 任务 | 完成了画一个○ | | | |
|---|---|---|---|---|
| 1 | | | | |
| 2 | | | | |
| 3 | | | | |
| 4 | | | | |
| 5 | | | | |

奖励

_____ 个○可以交换 _____

班主任老师留言：

# 学校影子老师的便携教具

### 1. 视觉倒计时器/沙漏

视觉倒计时器用更明显的视觉辅助提示剩余时间。在帮助孩子逐渐延长上课安坐行为时,可以使用这种带有视觉辅助功能的计时器,使孩子更容易明白。用沙漏也可以达到同样的效果。

### 2. 定时震动器

这类小型设备可以设定时间间隔并发出震动信号,孩子可以用它来做自我核查,管理自己的行为。

### 3. 计数器

在测量行为频率时,使用计数器更为方便。它可以用来记录每节课上孩子的举手次数、与同学主动发起对话的次数、离座的次数等。打高尔夫球时使用的计分器也很好用,有手表型和钥匙链型的,两者都很方便。

### 4. 震动计时器

震动计时器是一种不会发出声音,而是通过震动报出时间间隔的计时器,有自动重置功能,可以方便地重复设置行为观察时间,如30秒或1分钟的时间间隔。

### 5. 带有印章的笔

带有孩子喜欢的动漫人物或标志的小印章的笔,影子老师一方面可用它来做记录,另一方面也可以方便及时地用作代币工具。如果笔可以挂在胸前,就更方便了。

### 6. 塑封机

制作图片卡和指令卡时,将卡片用塑封机塑封起来,这样可以防水,使卡片更加耐用。

# 后　　记

　　早在1978年，意大利政府就制定了禁止精神病人长期住院的法律，但直到2012年，才真正不再设立要求病人长期住院的精神病院。意大利花了近20年的时间，才在全国将要求病人长期住院的精神病院彻底取缔。那么，那些有精神障碍的患者现在都在哪里生活呢？

　　他们就生活在普通环境中，可以一边服药、定期去医院，一边工作和娱乐，闲暇时间去看电影、听音乐会，或去饭店吃饭。他们可以因为兴趣爱好而聚在一起，或将个人喜好转化为职业而谋生，他们可以在家里和家人朋友在一起，或去集体宿舍与患有同样疾病的病友们一起生活，他们之中也有人恋爱结婚。

　　意大利政府并没有将病人都关在医院里，等到他们痊愈了才放回社会，而是采取了完全不同的做法，让他们在社会环境中一边生活一边治疗，学习所需的生活技能。这肯定会遇到很多困难，但为了解决相关问题，为了更好地共生，意大利的医生和护士、政府福利部门、地区居民以及患者本人，多次开会沟通，讨论协商解决办法。问题和困难的产生并不是因为精神障碍本身，而更多缘于患者与其所生活的社会环境之间的矛盾，因此，这些问题和困难也只有在社会中才能得到应对和缓解。

　　我并不是想把意大利政府对有精神障碍成人的处理方法及其处理背景直接套用在日本或套用在需要特殊支持的孩子身上，但是，自从1994年《萨拉曼卡宣言》（主张全纳教育）发布后，人们就已经将发育障碍作为一种"特征"看待了，并将这样的孩子重新定义为"需要特殊支持的孩子"，社会上也出现了努力推进融合教育的感人趋势。然而，日本却像开倒车一般施行《发育障碍支持法》和《改动学校教育法》。相比之下，这样的政策给孩子本人及家人带来了苦恼，同时也让学校老师不知所措，不知道如何缓解这些苦恼，不知道如何让孩子在普通班级里生活。所以意大利的经验也许可以带给我们一些参考。

　　本书介绍了基于应用行为分析（ABA）原理而开展的学校影子老师支持的实践和实例，可是学校影子老师支持方案的干预方法，在日本的实践和研究都还很少，ABA本身还不太为人所知。但是，这样的方法能够有效地帮助在普通班级中需要特殊支持的孩子，引导他们学习在社会生活中所必需的技能，培养他们在与社会环境出现冲突或遇到困难时调整自身行为的能力。不但如此，这套支持方案还能够为同班同学和任课老师提供调整环境和调整自己行为的机会，让他们能够和需要特殊支持的孩子更好地共同生活。

我希望通过执行学校影子老师支持方案，为孩子及其家人、同班同学、任课老师和学校，乃至整个社会，提供一个为解决问题而开启"交流"的机会，讨论应对方案并努力付诸实践。当好的变化出现后，这样的交流和实践都会得到强化。如果本书能为此尽到微薄之力，我将深感荣幸。

现在，在日本有部分发育障碍的幼儿家长，一边承受着巨大的时间与经济方面的压力，一边在家里对孩子进行 ABA 干预，使其学习各种技能，减少问题行为，培养今后在社会中生存的基本能力。

难道只有孩子及其家人才必须努力吗？他们所在的地区和学校等周围环境是否也应该主动靠近他们，理解他们，想办法帮助他们解决问题呢？基于这种考虑，我们可以引入学校影子老师的干预方法。

为本书担任审校的庆应义塾大学的山本淳一老师，长期活跃在第一线，为发育障碍幼儿提供干预支持，从早期密集干预阶段开始，直至小学、中学、高中之后，并针对各阶段中各种困难的应对方法进行研究和实践。由这样的老师为本书审校，真是备感殊荣。

本书是以我在行为教育咨询机构（BEC）工作期间的学校影子老师支持实践和研究为基础撰写的。在此，我深深感谢机构负责人上村裕章先生以及相关家庭给予我的宝贵的实践机会。

学校非常重视个人隐私保护，所以，我未保留学校影子老师工作的现场视频和照片，在这样的情况下，插图师前田先生只根据文章的描述，就将问题出现的状况及支持的方式画得清清楚楚。

事实上，将实例还不够充足的学校影子老师支持方案结集成书令我深感不安，是学苑社的杉本先生向我阐明了本书的意义，给予我充分的宽慰，推进了本书的出版。

最后，要感谢我的丈夫给予我的支持，让我能有持续学习行为分析理论与实践的机会，还要感谢的是两位小实践家，他们每天都向我报告学校里发生的事情，并开动脑筋，做出了自己的思考和实践。

吉野智富美

# 参 考 文 献

アルバート, P.A.・トルートマン A.C. 著　佐久間徹・谷晋二・大野裕史訳 2004『はじめての応用行動分析』二瓶社.

道城裕貴・松見淳子　2007　通常学級において「めあて＆フィードバックカード」による目標設定とフィードバックが着席行動に及ぼす効果. 行動分析学研究, 20(2),118-128.

ロヴァス, 1. 著　中野良顯訳　2011　『自閉症児の教育マニュアル』ダイヤモンド社.

文部科学省　2003　通常の学級に在籍する特別な教育的支援を必要とする児童生徒に関する全国実態調査.

オニール, R. E. 他著　茨木俊夫監修　三田地昭典・三田地真実監訳　2003『子どもの視点で考える問題行動解決支援ハンドブック』学苑社.

杉山尚子・島宗理・佐藤方哉・マロット, R. W.・マロット, M. E. 1998『行動分析学入門』産業図書.

杉山尚子 2005『行動分析学入門ーヒトの行動の思いがけない理由』集英社新書.

田中善大・鈴木康啓・嶋崎恒雄・松見淳子　2010　通常学級における集団随伴性を用いた介入パッケージが授業妨害行動に及ぼす効果の検討：介入パッケージの構成要素分析を通して、行動分析学研究, 24(2),30-42

图书在版编目（CIP）数据

影子老师实战指南 /（日）吉野智富美著；任文心,秋爸爸译. -- 北京：华夏出版社有限公司, 2021.10（2025.9 重印）

（ABA 入门）

ISBN 978-7-5222-0157-3

Ⅰ. ①影… Ⅱ. ①吉… ②任… ③秋… Ⅲ. ①特殊教育—师资培训—指南 Ⅳ. ①G760-62

中国版本图书馆 CIP 数据核字(2021)第 154229 号

ABA SCHOOL SHADOW NYUMON
Copyright © Junichi Yamamoto, Chifumi Yoshino
Chinese translation rights in simplified characters arranged with GAKUENSHA through Japan UNI Agency, Inc., Tokyo

©华夏出版社有限公司　未经许可，不得以任何方式使用本书全部及任何部分内容，违者必究。

北京市版权局著作权合同登记号：图字 01-2020-4886 号

## 影子老师实战指南

| | |
|---|---|
| 作　　者 | ［日］吉野智富美 |
| 译　　者 | 任文心　秋爸爸 |
| 策划编辑 | 刘　娲 |
| 责任编辑 | 许　婷　李傲男 |
| 出版发行 | 华夏出版社有限公司 |
| 经　　销 | 新华书店 |
| 印　　装 | 三河市少明印务有限公司 |
| 版　　次 | 2021 年 10 月北京第 1 版<br>2025 年 9 月北京第 5 次印刷 |
| 开　　本 | 787×1092　1/16 开 |
| 印　　张 | 12 |
| 字　　数 | 180 千字 |
| 定　　价 | 49.00 元 |

**华夏出版社有限公司**　地址：北京市东直门外香河园北里 4 号　邮编：100028
网址：www.hxph.com.cn　电话：（010）64663331（转）

若发现本版图书有印装质量问题，请与我社营销中心联系调换。